道徳科授業サポートBOOKS

「特別の教科 道徳」授業&評価完全ガイド
通知表の記入文例付

田沼 茂紀 編著

明治図書

はじめに

　平成27年3月27日，小・中学校学習指導要領が一部改正されて「道徳の時間」が「特別の教科　道徳」，つまり「道徳科」になった。この道徳教育・道徳授業改革は，果たしてどのよう意味をもつものなのであろうか。こと道徳授業に限定していうなら，教科外教育から教科教育への「格上げ」？　それとも，学校の教育課程における一領域を成していた「道徳の時間」から教科教育へ組み込まれたのであるから実質的な「格下げ」？　どう判断するのであろうか。

　いうまでもなく，学校教育全体を通じて行う道徳教育やその道徳教育を束ねる「要の時間」としての道徳授業は，それを指導する教師のためにあるのではなく，あくまでも，自らの人生の在り方を考え，よりよく生きようとする子どもたちのためにあるわけである。つまり，道徳授業を通してこれからの時代を生きる子どもたちに道徳的諸価値についてただ理解させるだけでなく，その価値理解の先にある子ども一人一人の資質・能力をどう育んでいくのか，その点を問われるのが21世紀型道徳授業と考える次第である。

　平成27年8月26日，中央教育審議会教育課程企画特別部会が平成28年度中に予定されている次期学習指導要領改訂の基底となる「社会に開かれた教育課程」と称される「論点整理」を公表した。そこで提起されているのは「新しい時代と社会に開かれた教育課程」という考え方である。つまり，21世紀型学力観の提唱である。これからの時代を生きる子どもたちに求められるのは，「何を学ぶか」→「どのように学ぶか」→「何ができるか」というアクティブ・ラーニング（主体的・能動的。協働的な学び）の考え方に立った資質・能力育成観である。そこでは，ただ「何を知っているか，何ができるか」（基礎力）だけに留まらず，「知っていること・できることをどう使うか」（思考力），さらに「どのように社会・世界と関わり，よりよい人生を送るか」（実践力）という各学校レベルでの子どもたちの資質・能力形成に向けたカリキュラム・デザインが求められることとなるのである。そのようなカリキュラム・デザインと対になって，表裏一体のものとして問われるのが「特別の教科　道徳」つまり，道徳科授業評価の進め方である。

　他の教科教育とは異なる子ども一人一人の内面に迫る道徳科授業評価をどう進めていくのかと問うとき，これまで授業評価をあまり意識した指導がなされてこなかった現実を踏まえなければならない。道徳が教科になることで授業がどう変わり，どう子どもたちの資質・能力の育みを具体的に見取っていかなければならないのかという各学校の道徳授業マネジメントの問い直しが課題として与えられたと理解すべきであろう。しかし，それは改めて最初から取り組むような大きな問題ではない。これまで個々の子どもの道徳的成長を願って取り組んできた従前の道徳教育・道徳授業を前提にしつつ，その肯定的な道徳性評価の在り方を可視化して子どもたちに伝え，より一層の道徳的成長を昂揚するような評価にすればよいとするのが基本的な立場である。本書で綴られる道徳評価実践のコンセプトはここにある。

　　　　　　　　　　　　　　　　　　　　　　　　　　　　　　　　　　　　　田沼茂紀

1章 「特別の教科 道徳」の授業&評価のポイント

「特別の教科 道徳」の評価の考え方

1 新学習指導要領が目指す道徳評価の姿……………………………………… 8
2 今までとこれからの道徳評価の違い……………………………………… 10
3 指導要録への記載と通知表での示し方……………………………………… 12

道徳教育評価と道徳授業評価

1 学校全体で行う道徳教育と1時間の道徳授業……………………………… 14
2 年間を通した道徳授業での評価……………………………………………… 16
3 1時間の道徳授業での評価…………………………………………………… 18
4 評価規準・評価観点作成のポイント………………………………………… 20

道徳授業の評価の方法とポイント

1 作文の活用とポイント………………………………………………………… 22
2 ノートやワークシートの活用とポイント…………………………………… 24
3 質問紙(アンケートなど)の活用とポイント……………………………… 26
4 発言や行動の観察とポイント………………………………………………… 28
5 面接法とポイント……………………………………………………………… 30

評価を生かした道徳授業づくりのポイント

1 授業改善につなげる評価……………………………………………………… 32
2 子どもの発言やノートをもとにした授業の評価と改善…………………… 34
3 子どものアンケートによる授業の評価と改善……………………………… 36

2章 「特別の教科 道徳」の授業＆評価ガイド

低学年の授業＆評価ガイド

1 「かぼちゃのつる」の授業＆評価ガイド（Aの視点）……………………… 40
2 「どうぞのいす」の授業＆評価ガイド（Bの視点）……………………… 44
3 「黄色いベンチ」の授業＆評価ガイド（Cの視点）……………………… 48
4 「ハムスターの赤ちゃん」の授業＆評価ガイド（Dの視点）……………… 52

中学年の授業＆評価ガイド

1 「まどガラスと魚」の授業＆評価ガイド（Aの視点）……………………… 56
2 「心と心のあく手」の授業＆評価ガイド（Bの視点）……………………… 60
3 「雨のバス停留所で」の授業＆評価ガイド（Cの視点）…………………… 64
4 「ヒキガエルとロバ」の授業＆評価ガイド（Dの視点）…………………… 68

高学年の授業＆評価ガイド

1 「手品師」の授業＆評価ガイド（Aの視点）……………………………… 72
2 「ロレンゾの友達」の授業＆評価ガイド（Bの視点）……………………… 76
3 「マイルール」の授業＆評価ガイド（Cの視点）…………………………… 80
4 「一ふみ十年」の授業＆評価ガイド（Dの視点）…………………………… 84

中学校の授業＆評価ガイド

1 「負けない！クルム伊達公子」の授業＆評価ガイド（Aの視点）………… 88
2 「アイツとセントバレンタインデー」の授業＆評価ガイド（Bの視点）…… 92
3 「選手に選ばれて」の授業＆評価ガイド（Cの視点）……………………… 96
4 「明日もまた生きていこう」の授業＆評価ガイド（Dの視点）…………… 100

3章 「特別の教科 道徳」の通知表の記入文例集

記述式評価で何を書くのか

1 評価は子どもの満足を支持するメッセージ……………………………………… 106

道徳教育の評価と道徳授業の評価の書き分け方

1 評価は子どもと教師の感動の共鳴………………………………………………… 108

道徳の通知表記入文例集

1 低学年の文例集……………………………………………………………………… 110
2 中学年の文例集……………………………………………………………………… 116
3 高学年の文例集……………………………………………………………………… 122
4 中学校の文例集……………………………………………………………………… 128

文例記入のQ&A

1 肯定的な内容だけでなく，伸ばしたいことも書くべきでしょうか？………… 134
2 書くことが思い浮かばない子どもがいるのですが，どうすればよいでしょうか？………………………………………………………………………………… 135
3 毎学期，同じような評価になってしまうのですが，違いをどう出せばよいでしょうか？………………………………………………………………………… 136
4 保護者から記入に対する質問がありましたが，どう答えればよいでしょうか？………………………………………………………………………………… 137
5 特別なニーズをもつ子どもには，どのような記入をすればよいでしょうか？………………………………………………………………………………… 138
6 人権の問題で使ってはいけない言葉などはありますか？……………………… 139

1章

「特別の教科 道徳」の授業＆評価のポイント

「特別の教科 道徳」の評価の考え方
道徳教育評価と道徳授業評価
道徳授業の評価の方法とポイント
評価を生かした道徳授業づくりのポイント

「特別の教科　道徳」の評価の考え方

1 新学習指導要領が目指す道徳評価の姿

新 学習指導要領になって何が変わるのか

　平成27年3月27日，文部科学省は中央教育審議会答申「道徳に係る教育課程の改善等について」を受けて学習指導要領を一部改正し告示した。そこで改正された大きな変更点は，従来の道徳の時間を「特別の教科　道徳」として学校の教育課程に位置付けることであった。「特別の教科　道徳」，つまり道徳科は，小学校および特別支援学校小学部については平成30年度より，中学校および特別支援学校中学部については平成31年度より全面実施されることとなった。ちなみに，新学習指導要領実施に向けての各学校での移行は学校教育法施行規則の一部を改正する省令によって平成27年度より実施可能となっている。つまり，各学校はすでに新学習指導要領移行期間の只中に置かれているのである。

❶道徳授業がより充実する

　では，これまでの「道徳の時間」が「特別の教科　道徳」に移行すると，道徳授業は何が変わり，何が変わらずに継承されるのであろうか。以下に，ポイントを示したい。
　①学校の教育課程に教科教育（ただし「特別の教科」）として位置付けられる。
　②教科教育である以上，無償配布の検定教科書が使用されるようになる。
　③教科教育である以上，その指導に関わる評価がしっかりと求められる。
　④教科教育である以上，説明責任を果たすという点で曖昧な指導では許されなくなる。
　学校の教科教育として実施する以上，曖昧な指導でお茶を濁すといった体たらくではすまされなくなるのである。しかし，この点は「1領域」とされていた「道徳の時間」であろうと，そうでなかろうと，本来はしっかりと取り組むべき社会的責任があったのであり，本気で取り組んで来なかった一部の学校や教師へきついお灸が据えられたと解釈すべきであろう。道徳授業はしっかりと指導して当たり前，それはこれまでも，これからも変わらない事柄である。
　もう1点，しっかりと押さえておきたい。従来の「道徳の時間」も，これから実施される「特別の教科　道徳」も，目標として示されているのは子どもの道徳性の育成である。よって，道徳授業そのものが今般の教科化に伴って大きく変化するわけではない。むしろ，これまで以上に道徳授業での指導充実が求められるだけのことである。

道徳の評価をどう理解して進めるのか

今般の道徳科創設でとりわけ脚光を浴びたのは、いうまでもなく「道徳評価」の問題である。事実、新聞の全国紙ですら道徳授業で評価をすることの是非を大問題であるかのように報じていた。ある新聞紙面では、従前の「道徳の時間」での評価は「なし」、今後展開される「特別の教科　道徳」では「数値ではなく記述式で評価」と対比していた。つまり、多くの国民はこれまでは道徳に評価が存在していなかったかのような印象しかないのである。よって、道徳科創設で問題とされたのは道徳に評価を持ち込むことの是非であり、誰のための評価であるのかという本質的な当事者性の問題が欠落しているのである。つまり、道徳評価への誤解もさることながら、道徳授業で学び育つ子どもを認め、励まし、さらなるよさを目指して向上しようとする気持ちを育む視点が抜け落ちているのである。

❶道徳評価で子どもを育む

道徳科創設の契機となった中央教育審議会答申「道徳に係る教育課程の改善等について」（平成26年10月）では、「道徳教育における評価は、指導を通じて表れる児童生徒の道徳性の変容を、指導のねらいや内容に即して把握するものである。このことを通じて、児童生徒が自らの成長を実感し、学習意欲を高め、道徳性の向上につなげていくとともに、評価を踏まえ、教員が道徳教育に関する目標や計画、指導方法の改善・充実に取り組むことが期待される」と述べられている。これがすべてを物語っているといえよう。

実は、このような道徳評価の考え方は、「道徳の時間」が特設された昭和33年以降、幾度かの学習指導要領改訂を経ても大きな変更がなされなかった部分でもある。いわば、わが国の道徳評価観の基本的な考え方でもある。昭和33年の小学校学習指導要領には、「児童の道徳性について評価することは、指導上たいせつなことである。しかし道徳の時間だけについての児童の態度や理解などを、教科における評定と同様に評定することは適当ではない」と述べられている。そこでのポイントは、以下の3点である。

①道徳授業では、子どもの道徳性を育むために評価をすることが大切である。
②道徳授業での評価は、その特質から教科のような数値評価をしてはいけない。
③道徳授業で子どもの道徳性の高まりを評価する際は慎重に行うべきである。

学校において教師が責任をもって指導する以上、その教育効果の見取りをきちんとしないなどということは基本的に許されないのである。意図的、計画的に目標を設定して道徳授業を実施するなら、そこでの子どもたちの道徳的学びはどうであったのか、その授業を介して子ども一人一人の変容を促す契機となり得たのか、それを教師自身の自己省察的な指導評価も含め、しっかりと道徳性の形成的評価として行っていくのは至極当然なことなのである。　　　（田沼茂紀）

「特別の教科 道徳」の評価の考え方

2 今までとこれからの道徳評価の違い

子どもの学習状況と道徳的成長を両面から評価する

　新学習指導要領では，道徳評価について，第3章「特別の教科　道徳」第3「指導計画の作成と内容の取扱い」の4項で，「児童（生徒）の学習状況や道徳性に係る成長の様子を継続的に把握し，指導に生かすよう努める必要がある。ただし，数値などによる評価は行わないものとする」と述べられている。つまり，これがわが国の義務教育学校における道徳評価観である。

❶道徳評価を指導に生かす

　この学習指導要領で述べられている道徳評価の考え方，これからの道徳教育にあっては何よりも大切なこととなろう。なぜなら，道徳評価をするためには，道徳評価が可能となるような道徳授業にするため，質の高い指導をしなければならないからである。ちなみに，従前の学習指導要領の文言との違いは，「児童（生徒）の道徳性については，常にその実態を把握して」という部分だけである。これは何を意味しているのであろうか。これでは，「道徳の時間」から「道徳科」へと移行したのに，明確な差違がよく理解できないと訝る向きもあろうと思われる。もう少し説明を加えておきたい。

　学校で行う道徳教育，その指導をすることで表れる子どもの道徳的変容とは一体どのようなものであろうか。道徳授業ではその時間に取り上げる道徳の内容項目に即して適切な道徳教材を用意し，子どもの実態を踏まえながら設定したねらいへ到達できるように指導方法を工夫する。また，学校教育全体を通じて行う道徳教育は学校教育目標の具現化という一つの方向性をもちながら，そのときどきの教育活動に関連する個々の道徳的学びを意図的・計画的に継続していくところにその意味がある。いわば，学校の道徳教育は道徳授業と学校教育全体を通じて展開する道徳教育とが車の両輪のように機能してこそ，人間としてよりよく生きるための人格基盤としての道徳性の育成を図ることができるのである。

　つまり，新学習指導要領が意図するのは，道徳授業では「児童（生徒）の学習状況」について評価活動を継続することで把握し，学校教育全体を通じて行う道徳教育では「道徳性に係る成長の様子」を評価活動で継続的に把握することで，個の内面的なよさとしての道徳性を的確に捉え，より一層の人格的成長を促がそうとすることを目指すのである。

道 徳評価の前提は自己への肯定的眼差しを育むことである

　道徳評価と聞くと，ランク付けやラベリングによる他者との比較という印象を抱きやすい。しかし，道徳教育で目指すのは人間が本来的にもっているよりよく生きたいとする願いや，よりよい生き方を求めて実践しようとする人格の陶冶である。そして，その「よりよく生きたい」という当事者は，いうまでもなく一人一人の個性をもった子ども自身である。ならば，そんな子どもの集団内での位置付けや特性についてのラベリングなど必要であろうか。百害あって一利なしである。むしろ，それ以上に大切なのはよりよい生き方とは何かという，子ども自身が自らを見つめ，問い続ける自己内対話の姿勢である。この主体性の発揮なくして子どもの道徳的発達も，人格的成長も期待できるものではない。いわば，道徳評価とは子どもの当事者性に基づいた自己省察プロセスそのものであるとすることができよう。その点で，道徳評価，つまり道徳授業での評価も，学校の全教育活動を通じて行う道徳教育評価も，その前提は子ども自身による「個人内評価」である。道徳評価は子ども自身が自己成長を信じて生きる上で求められる資質・能力としての道徳的意思力を高めるきっかけそのものであると説明できよう。

❶道徳評価は個人内自己評価で

　その点では自らの生き方への肯定的な自己評価を着想する子どもと，その子どもの人格的成長を願いつつ個人内評価へと導く指導者としての教師が目指す子ども評価のベクトルは同じなのである。この双方向的な関係性を保った見取りが成り立つ道徳評価というのは，子どもと教師とが相互補完的に紡ぎ出す共同体感覚としての「道徳的学び」の創造なしには実現できない。そこには，自らよく生きたいと願う子ども自身の切なる思いと，これからの時代を担う子どもたちを次世代後継者としてしっかり育成したいと願う指導者としての教師の思いが共創的に響き合う共同体感覚としての「肯定的学び評価」の視点が重なり合わなくては実現しないことである。このような肯定的学び評価を共創していくためには，それを具体的な授業実践を通して誰もが容認できるような「真正の評価（authentic assessment）」に基づく授業評価理論がどうしても必須となってくるのである。

　ここでいう真正の評価とは，評価者（教師）が子どもの学びについて客観的に値踏みする評価として語られることの多い価値付け（evaluation）の評価と，子どもの学びを次なる教育活動へ発展させる情報収集として学び診断的な観点で評価しようとするアセスメント（assessment）の評価，双方の長所を兼ね備えた評価観である。子どもの主体的な道徳的学びを動機付け，より高い目標に向かって学ぼうとする意思力を鼓舞する上で，子どもの自己肯定感を引き出し，さらに新たな学びの診断的側面や授業改善側面での目的性をもたせることを考慮して形成的評価活動を構想するのが「真正の評価」という概念である。

（田沼茂紀）

「特別の教科 道徳」の評価の考え方

3 指導要録への記載と通知表での示し方

指 導要録の意義理解を進めて一貫した指導を継続する

　学校における指導要録は，子どもの学籍およびその在籍期間や当該年度内での指導の過程およびその学習結果を記録する公簿である。また，進級した学年や進学先でその後の指導に役立てたり，外部に対して指導の結果証明をしたりするための性格も併せもつ学籍原簿でもある。

❶道徳の特質を踏まえた要録記載となる

　これまで，指導要録に「道徳」と明記された記録欄は設けられてこなかった。道徳教育と関連があったのは10項目で示された「行動の記録」および「総合所見」のみである。このような取扱いになっていたのは，道徳の時間それ自体が教科ではなかったことと，道徳教育の特質として教科教育のように明確な観点をもって評価しにくいものであるという事情があったからである。今般の道徳教育改革で「道徳科」へと移行はしたものの，各教科とは本質的な部分で一線を画しているため，学習指導要領ではこれまで同様に第3章「特別の教科　道徳」と位置付けたことからも頷けよう。

　つまり，道徳授業では学校教育の様々な場面で断片的に行っている道徳指導での不十分な点を道徳授業で意図的・計画的な視点から補充し，教材を駆使しながら特定の内容項目に焦点化して深化し，学び手である子ども一人一人が自らの内面で統合して得心できるような道徳的実践への心構えとなる道徳的実践力という「内なる生きる力」を育成することに主眼が置かれているのである。いわば，子ども一人一人が人間としての在り方や生き方に収斂されるような，自分自身の将来へつながる生き方学習という方向的な目標設定がなされるのである。だからこそ，今般の学習指導要領一部改正で示されたのは，指導内容として到達すべきねらいが明確な一般的な教科とは異なるために単なる「教科　道徳科」ではなく，「特別の教科　道徳科」と位置付けたのである。そうであれば，当然のことではあるが，その評価方法も各教科同様の観点で評価するには無理があるのは言を待たない。それゆえに，指導要録で残すべき記述評価の内容も，方法も，各教科と異なってくるのは当然の道理なのである。

　指導要録に道徳科あるいは学校教育全体を通じての道徳教育評価をどう記載するかは，ある意味で明解である。道徳的学びを記すか，それとも道徳的人格成長を記すか，いずれかである。

通 知表がもたらす教育効果を意図した道徳評価にする

　学期毎に子どもや保護者に宛てて記す「通知表」，それ自体に法的拘束力はなく，その様式も特に定められてはいない。いわば，学校から保護者に宛てた学期中の個の学びを報告する私信のようなものである。よって，保護者が望むような報告内容欄で構成されている。しかし，それによって自らの学びを評価される子どもやそれに連なる保護者にとっては，まさに心穏やかではいられないのも通知表である。通知表は，子どもにとって自らの学びの厳然たる他者評価であり，看過できない自らへの貴重な内省機会となるからである。

❶子どもを励ます通知表にする

　繰り返しになるが，子ども一人一人の成長を見守り，努力を認めたり，励ましたりすることによって，子ども自身が自らの成長を実感し，さらに意欲的に取り組もうとするきっかけになるような評価を体現するのが，まさしく通知表である。教師が綴った記述の一言一句が自らの生き方の当事者である子ども，その子どもの行く末を案ずる保護者にとっては「重く，身のすくむような裁定」なのである。こんな単純な構図は，子育て経験者ならいわずもがなのことである。その点からも，当事者本人の道徳的成長に陰りをもたらしたり，保護者が我が子へ疑念を抱いたりするような記述は厳に慎まなければならないことは，繰り返すまでもないであろう。

　同時に，通知表における道徳評価は両刃の剣でもある。冷静に考えれば理解できることであるが，その評価の対象は他ならぬ子ども自身である。ならば，そこに子ども自身の得心という面で，評価者自身への再評価も同時になされることを忘れてはいけない。

　道徳評価を進める上で常に考慮しなければならないのは，その信頼性と妥当性の問題である。例えば，道徳教育評価であれば，日常的な学校生活の自己点検表や学期毎の子どもたちの自己評価や相互評価として記述された振り返りシート等を用いる場面が想定される。それと教師の客観的評価要素を重ね合わせて指導要録「行動の記録」欄に記載したり，通知表に所見という形で文章による記述評価をしたりすることとなる。その際，そこでの評価内容が教師の主観に偏っていたり，一面的な評価であったりするなら，その対象である子ども自身やその保護者は納得して素直には受け取れないに違いない。たとえそれが本人についての肯定的な評価内容であったとしても，当事者である子ども自身が自らのこととして納得しない限り，それは受け入れられるべきものではない。場合によっては，通知表に記載された文章評価そのものを拒んだり，教師への不信感を増幅させたりするようなことは容易に想像されよう。つまり，評価対象を見つめる目が曇っていたという自明な顛末となるのである。当然，そんなわが子の不満げな姿を見た保護者も然りであろう。だからこそ，文章記述による道徳評価では慎重かつ真摯な対応が求められるのである。

（田沼茂紀）

道徳教育評価と道徳授業評価

1 学校全体で行う道徳教育と1時間の道徳授業

なぜ道徳授業だけでも道徳教育だけでも十分ではないのか

　平成20年3月告示の小・中学校学習指導要領の第1「目標」には,「道徳の時間においては,以上（学校の教育活動全体を通じて,道徳的な心情,判断力,実践意欲と態度などの道徳性を養うこと）の道徳教育の目標に基づき,各教科,外国語活動（小のみ）,総合的な学習の時間及び特別活動における道徳教育と密接な関係を図りながら,計画的,発展的な指導によってこれを補充,深化,統合し,道徳的価値の自覚及び自己の生き方についての考えを深め（中学校は,それに基づいた人間としての生き方についての自覚を深め）,道徳的実践力を育成するものとする」と述べられている。ここで明示された基本的な姿勢は,道徳授業だけでも,学校全体の教育活動を通じて行う道徳教育だけでも,実効性の伴う教育指導としては機能しないという相互補完的な考え方である。

❶道徳教育と道徳授業で生き方を学ぶ

　生身の一人の人間に対する道徳教育という視点で,育むべき道徳性をとらえていきたい。わが国の近代倫理学の祖と仰がれる和辻哲郎は著書『人間の学としての倫理学』の中で,「人間は単に『人の間』であるのみならず,自,他,世人であるところの人の間なのである。人が自であり他であるのはすでに人の間の関係にもとづいているということである」と名言を残しているが,個人は個人で独立してはいるが,他者との関わりなくしては1日たりとも生きられない社会的存在,つまり「人間（ジンカン）」に生きる間柄的存在なのである。よって,社会的存在として生きる自らについても直接的かつ具体的な関わりをもって学ぶ必要がある。

　今般の新学習指導要領でも,第1章「総則」第1「教育課程編成の一般方針」2の冒頭で,「学校における道徳教育は,特別の教科である道徳（以下『道徳科』という。）を要として学校の教育活動全体を通じて行うものであり,道徳科はもとより,各教科,外国語活動（小のみ）,総合的な学習の時間及び特別活動のそれぞれの特質に応じて,児童（生徒）の発達の段階を考慮して,適切な指導を行われなければならない」とその基本姿勢は踏襲されている。「倫理」が道徳実践のための理法であるとするなら,「道徳」は日々の道徳実践そのものである。学校での道徳的学びは,具体的現実に即して行われなければならない。

道 徳教育と道徳授業の相互乗り入れを評価活動で意識する

　学校教育全体での道徳教育と道徳授業の関係は，車でたとえるとバランスよく前進するための車の両輪のようなものであることはすでに触れた。子どもの道徳性形成に寄与する双方の手立てが円滑に機能し，相乗効果を生み出すなら，盤石な道徳指導体制となることは間違いない。

❶点から面への道徳指導にする

　しかし，その双方のバランスを保つのが難しい。たとえば，子どもたちへ道徳性を身に付けようと焦るあまり，拙速に道徳授業のみを行っても「頭ではわかっているが，実践への見通し，その手立てがわからない」といった事態が当然のように起こってくる。また，逆のこともあり得るであろう。日常の学校生活で様々な道徳的体験をさせたり，場に即した道徳指導を適宜行ったりしているのであるが，子どもたちはその場だけの体験的理解で留まってしまっているといったような状況である。このような一方向的な道徳指導になってしまう大きな要因は，個々の子どもに対応した道徳的育みを継続しようとする視点が欠落していることにある。つまり，個々の子どもの道徳的学びに寄り添う視点，換言するなら，「発達の段階を考慮して，適切な指導」を行うという道徳教育でもっとも大切にしなければならない視点が抜け落ちているのである。

　たとえば，子どもたちが自然とふれあう体験をする機会が年間行事で組まれているなら，それに関連する教科での指導内容も勘案しながら，道徳科の年間指導計画にあらかじめ「自然愛護」の内容項目についての主題を位置付けておけば，それと関連して指導するための個々の道徳的学びについての情報収集（アセスメント）が然るべき形で容易に行われるに違いない。また，道徳授業での学びによって自覚できた道徳的価値を実際の場で体現できるような実践活動も意図的に他教育活動へ位置付けることが可能となってくるであろう。

　道徳評価をどう理解し，どう進めていけばよいのかと改まって問い直すと，つい難しくとらえがちである。しかし，道徳は生きて働いてこその力，道徳的行為を可能にする内面的資質としての実践を支え，後押しする力，「道徳的実践力」を育成することが何よりも大切なのである。教師が子ども一人一人の道徳的発達の状況を的確に把握し，家庭との連携を図りながら一つ一つの「点」としての子どもの道徳的学びを結び付け合い，関連付けすることで個としての有意味な道徳的学び成果という大きな「面」を構成することも大いに可能となってくるであろう。「点から面へ」という指導観を大切にしたいものである。

　道徳授業で評価することと，あらゆる機会を通じての道徳教育で評価することとは，根源の部分で同一であり，それをどう有機的に関連付けて指導していくのかという発想が子どもの道徳性形成では何よりも大切なのである。

（田沼茂紀）

道徳教育評価と道徳授業評価

2 年間を通した道徳授業での評価

子どものパフォーマンス評価を引き出して蓄積する

　道徳授業で目指すのは，子どもの道徳性の育成である。それは指導したことによる学習者の変容表出でとらえることができる。つまり，授業成果を変容として見取るところに道徳評価があるのである。この道徳授業評価が的確に実施できれば，それは次なる指導へと反映され，より望ましい人格的資質・能力としての道徳性を身に付けさせていくことに発展するのである。

❶可視化することで評価する

　ただ，それはたやすいことではない。なぜなら，道徳性は個の内面的資質として形成されるもので，傍目にはとらえにくいからである。新学習指導要領における道徳評価に関する記述は，「児童（生徒）の学習状況や道徳性に係る成長の様子を継続的に把握し，指導に生かすよう努める必要がある」となっている。ここでの道徳授業評価のポイントは，「継続的に把握」して「指導に生かす」という点である。他の教科教育のように，最初から全員が到達すべきゴールとして指導目標が設定されているわけではない道徳授業では，あくまでも個としての人格的成長を促す個人内評価を前提とした目標設定となっている。よって，道徳授業開始時の個々の子どもの主題に関する道徳性は一様でないし，同一の主題について学びあった結果もやはり同一とはならない。つまり，スタートフリー，ゴールフリーであるところに道徳授業の特質があり，他の教科教育と一線を画して「特別の教科」と称しているのである。よって，その個別な道徳性を評価するのは一律な評価規準を設定してとは単純にいかないのである。

　いうまでもなく，子どもの道徳性は個としての生き方やともに生きようとする他者との望ましいかかわり方についてどうであるのかを自己省察し，自らの内面に繰り返し問いかけることで成長する。その点で，個の他者や集団との望ましいかかわり方について方向付ける社会性と比べ，評価が格段に難しい。道徳性も，社会性も，基本的には善を志向するという点で共通項をもつが，その性質や傾向性が個の内面に向けられるか，個と他者あるいは集団といった外面に向けられるかで，大いにその様相が異なっていく。かといって，個の内面を直接覗き込むことも不可能である。ならば，そのときどきの子どもの表面に表れた道徳的言動をパフォーマンス評価によって見取り，道徳性の高まりを推し量っていくしかないのである。

パフォーマンス評価をポートフォリオすることで評価する

　道徳授業を年間35時間（小１のみ34時間）の大きな道徳的学びの単元として見ず，それぞれ細切れのものとしてとらえていくと，一体どうなるのであろうか。たとえば「正直・誠実」，「相互理解，寛容」といった具合である。これらの内容項目を独立した授業主題として設定し，単独完結を目指すような授業を展開するなら，「無理解極まる近視眼的な指導観」と痛烈な批判を浴びせられるのが関の山である。道徳教育で取り上げる価値内容というのは，人が生きていく上で価値あるものを，指導形態や学校教育の実情に合わせて分類区分したに過ぎない。よって，各項目それ自体が孤高ではない。

❶内容理解から資質・能力形成へ

　もし，その内容項目構成が新学習指導要領での内容項目数小学校低学年19項目，中学年20項目，高学年と中学校が22項目でなく，従前の内容項目数，つまり小学校低学年16項目，中学年18項目，高学年22項目，中学校24項目というような区分の仕方であったのが不適切なものであったかと問われれば，それは全く根拠のないことである。このような内容項目数の構成は，学校での指導計画立案や指導の現実を考慮してのことであり，価値ある内容を便宜的に分類構成したに過ぎないことを押さえておきたい。むしろ大切なのは，すべての内容項目が関連性をもって育むべき資質・能力としての道徳性の全体を構成していることへの理解を深める必要性である。いわば，培うべき道徳性という森を見ずして各々の内容項目という木のみに執着して指導しようとするなら，それは偏ったものとなってしまうことを意味するのである。

　道徳評価は学校教育全体での道徳教育であっても，意図的・計画的に配置された道徳授業であっても，年間を通しての継続的指導というのが前提である。そのためには各時間での指導が評価に値する内容となっていなければ元も子もないのである。道徳授業評価でいえば，毎時間の授業が充実していて子どもたちが自らの学びを具体的なパフォーマンスとして表出したつぶやきや発言，挙手や起立等での態度表明，ワークシート記述，動作化・役割演技等や表情，取り組みの意欲等々を評価し，それを個々の子どもの道徳的学びの足跡としてポートフォリオ（portfolio：学びのプロセス情報・成果の記録）し，それを一定スパンで再構成させたり，学習目的性と照らし合わせて再評価させたりする活動が不可欠である。そこで子どもたちは自らの道徳的成長を固有の事柄として自覚するのである。その意味でいえば，各時間の道徳授業でパフォーマンス評価していくことは大切であるが，それ以上に重要なのは継続的なその学びをポートフォリオしておいて定期的に再度自己評価させたり，相互評価させたりすることで自らの道徳的学びを自覚化させることである。

（田沼茂紀）

道徳教育評価と道徳授業評価

3　1時間の道徳授業での評価

そ の授業のねらいについての課題を明確にもたせる

　道徳授業はその目的志向性の違いから各教科とは区別され,「特別の教科　道徳」と位置付けられている。しかし,学ぶ子どもの側からすれば,あくまでも1時間の道徳授業であり,それは国語科や社会科の授業と何ら変わるものではない。

❶子どもの視点で学びを創り評価する

　子どもが主体的に学んでいるというときは,必ず何らかの学習課題に導かれて学びを動機付けられているのである。道徳授業も同様である。ならば,道徳授業でパフォーマンス評価を期待するには,まずは子どもたちが思わず引き込まれるような内容を提供しなければ何も始まらない。子どもが無我夢中で学び続けるような魅力ある授業,つまりアクティブ・ラーニング（active learning）とは一体どのような状況を指すのであろうか。それは個々の興味・関心に裏打ちされた強烈に動機付けられた「学びの課題」追求状態であるに違いない。今の自分の力ではまだ解決できないが,もう少しがんばれば必ず自己解決できるという学習動機付け（ツァイガルニク効果：zeigarnik effect）をもたらすような道徳授業である。そのためには,本時の主題についての個々の子どもの自己課題が明確でなければならない。ならば,授業導入段階での動機付けが何よりも肝要となってくる。併せて理解しておかなければならないのは,各々の自己課題はそれぞれの発達実態に即したもので,全員が共通しているわけではない点である。よって,個々は自己課題を大切に抱えながら,その解決を図るために全員での共同思考活動に参加しているという点である。互いが語り合い,共同思考し合うためには追求・解決テーマとなる共通課題の設定がどうしても不可欠である。よって,道徳授業では自らの道徳学習を動機付ける自己課題と,それにつながる共通課題の設定という2段階におよぶ学習課題設定とその確認がどうしても必須なプロセスとなるのである。

　もう1点,子ども一人一人の道徳的学びを動機付ける道徳的課題は,単に自己完結で終わるようなものではない。そこで目指すのは,子どもの未来志向性に満ちた学びのパフォーマンスである。このパフォーマンスをどう記録に留め,どう自己評価あるいは相互評価する機会を設定することで自己成長への気付きを促せるか,これも道徳授業評価の大きな目的となる。

自らの学習課題に即したパフォーマンス評価を引き出す

　子どもたちが身に付ける道徳性の諸様相の中で比較的見えやすい側面とか，見えにくい側面があるというのは，あくまで推論に過ぎない。なぜなら，道徳授業で培う子どもの道徳性というのは，人間の在り方や生き方の望ましさを構成する一傾向性を「道徳性」と呼称しているに過ぎないからである。つまり，年間35時間（小学校１年は34時間）の道徳授業で構成している子どもたちの道徳的学びというのは，明確に区別された資質・能力といったものではなく，渾然一体となった心性的な作用のまとまりであると理解した方が現実的であろう。それゆえに，目ではとらえられないものをどのような観点をもってどのような方法を用いて評価するのかといった疑念が提示されるのも致し方ないことなのであろう。

❶評価観点で見取りポイントを明確化する

　道徳授業を学校の教育活動として実施するからには，その指導成果なりを明らかにする責任を負うこととなる。よって，道徳授業を実施したことで生じた子どもの道徳的学びはそのまま放置しておいてはいけないのである。

　具体的な形としてとらえにくい道徳性ではあるが，子どもたちが道徳授業の中で，このような問題に着目し，自分なりに考え，悩みながら判断し，最終的に自分なりの道徳的結論や取るべき態度をこう明らかにしたとか，取り上げた教材に描かれた主人公の生き方について自分を重ね合わせながら，こう受け止め，こう判断し，こうあるべきと望ましさについての自分なりの結論を導いたという具体的かつ実践的な説明がなされれば，その学びの様子からこの授業は個々の道徳性にきちんと影響を及ぼし，道徳性のこの部分について育成することに寄与したと考えられるであろうと，学習者である子どもや保護者，あるいは第三者が納得できる説明材料は十分に提供できよう。その学びの見取りのポイントを明確化するのが評価の観点である。そして，それは子ども一人一人が自らの道徳的学びをパフォーマンスとして表出した際に始めて可能となる。ならば，パフォーマンスを引き出すために教師がしなければならないこととは何かということになるが，それは子ども自身がパフォーマンスする必然としてのパフォーマンス課題（performance task）をしっかりと個々にもたせるということである。

　道徳授業における個々の子どもの必然性が伴う道徳的課題こそ，それが道徳的学びを見取る材料となるパフォーマンスを引き出すのである。子どもは自らの在り方や生き方について，「もう一度考えてみよう」とか，「この場合，どうしたらよいのだろうか」といった切実なる必然性が伴わない限り，自己省察としての自己内対話を行うことはしないであろう。やはりパフォーマンス評価を効果的に進めるためには，パフォーマンス課題が不可欠である。

（田沼茂紀）

道徳教育評価と道徳授業評価

4 評価規準・評価観点作成のポイント

道 徳科の目標を踏まえて育むべき資質・能力を観点にする

今後のわが国で求められる学力観として注目されている「21世紀型能力」。国立教育政策研究所内に設置された「育成すべき資質・能力を踏まえた教育目標・内容と評価の在り方に関する検討会」が平成26年3月に公表した次期学習指導要領改訂時のベースとなり，わが国が目指すべき新学力観構想の提案である。

```
                    生きる力
                      ↑
                 21世紀型能力
              実践力
               ・自律的活動力
               ・人間関係形成力
               ・社会参画力
               ・持続可能な未来への責任
              思考力
               ・問題解決・発見力・創造力
               ・論理的・批判的思考力
               ・メタ認知・適応的学習力
              基礎力
               ・言語スキル
               ・教養スキル
               ・情報スキル
```

❶子どもの実態に合わせて観点設定する

これまでの日本の学校教育が培ってきた資質・能力を踏まえつつ，それらを基礎，思考，実践の各レベルで再構成したのが「日本型資質・能力」と呼ばれる図のような学力観である。それは，「思考力」を中核とし，それを支える「基礎力」と，使い方を方向付ける「実践力」の三層構造で構成されている。これを道徳授業での評価規準・観点設定の一方法論とすることも可能であろう。つまり，道徳教育目標として示された内容から評価規準・観点を設定するという方法論的視点は，各学校での子どもの実態に即して考えるのが妥当なことであろう。

例えば，学習指導要領第3章，第1に示されている道徳教育の目標に基づいて評価観点を検討していくと，以下のような資質・能力にかかわる視点が見えてくる。

「よりよく生きるための基盤となる道徳性を養うため，①道徳的諸価値についての理解（基礎力に基づく理解）を基に，②自己を見つめ（思考力としての問題発見），③物事を多面的（広い視野での思考力）・多角的に考え（推論，批判的思考としての思考力），④自己の生き方（生き方実践力）についての考えを深める学習を通して（メタ認知，自己調整力⇒実践力），道徳的な判断力，心情，実践意欲と態度を育てる」となる。このような観点設定も現実的視点であろう。

道 徳性の構成側面と道徳的学びの質を基に観点設定する

　道徳授業評価の観点設定を構想するための方法論は，子ども自身が道徳学習を通してどう自らの生き方のよさや人格的成長を自覚し，さらに高まろうとする内発的動機をより明確にしていけるかという点に尽きよう。そもそも，子どもの道徳的学び評価は個人内のプライベートな事柄であり，そこには他者との比較や平均化された集団的特質理解も意味をもたないことは前項でも述べたところである。このような道徳的学びの主体者しての個に焦点化して道徳評価観点を構想するなら，以下のような設定方法も考えられよう。

❶学びの質と資質・能力要素で評価する

　学習指導要領に示された道徳科の目標に当てはめて，縦軸にその学びで期待する道徳学習内容構成要素をその質の違いや重要度に応じて配置し，横軸に道徳的成長要素としての道徳的理解・思考・判断（認知的側面），道徳的心情の覚醒（情意的側面），さらには実践化への意思力や技能といった道徳的実践意思力・スキル（行動的側面）を配置し，それらをクロスさせることで簡便なその時間の評価観点設定の目安を見出すという方法も可能である。何らかの道徳的学びの見取りとなる評価観点を目安として具体化できないとその時間の評価活動も滞ってしまうわけであるから，簡便かつ視覚的で評価の本質を外さない方法論として，下図のような「二次元マトリックス評価観点設定法」も一助となろう。

◆道徳的学びを通して子どもに身に付けさせる資質・能力で分類

学びの内容／成長要素	道徳的理解・思考・判断	道徳的心情の覚醒	道徳的実践意思力・スキル
本質的な学びの内容			
価値ある学びの内容			
知って意味のある内容			

◆指導目標として設定される道徳的学び内容の質で分類

二次元マトリックス評価観点設定モデル図

　ここで大切なのは，いつもすべての観点を設定して評価活動をするのではなく，子どもの道徳的学びを把握しやすく，なおかつ評価方法論的に妥当と思われる観点をどう設定し，方法論的に無理のない形で実施していけるかということである。

　子どもたちがそれぞれの個人レベルで学ぼうとすることを客観性，妥当性，信頼性という視点から道徳的学び評価にしていくためには，どうしても学習者自身が得心する評価内容を前提に観点設定し，それに即した個々の学びを明らかにしていかなければならない。また，道徳授業評価観点のみがすばらしくても本末転倒である。しっかりと子ども個々の道徳的学びを引き出し，相互評価しながら励まし合える授業づくりが何よりも重要であろう。

（田沼茂紀）

道徳授業の評価の方法とポイント

1 作文の活用とポイント

自 由な発想で安心して書けるようにする

　作文は子どもの生活体験や思考，反省，意見，希望などが感情を伴って述べられているので心の内面までとらえることができる。このことにより，子どもの道徳的価値観を直接，理解することが可能となる。作文の利点は自由な発想で書けることにある。制約が大きすぎたり書いた後の結果を心配したりするようでは，子どもたちが感じ考えたことを素直に紙面に表現することはない。これでは，ありのままの子どもの姿が反映されない。自由な発想で安心して書けるようにしたい。そのためには，まず，教師に対する安心感や信頼感がなければならない。子どもたちが書いたことを受容的に受け止めなければ，素直に子どもたちは自分の心のうちを吐露しない。教師は，子どもの理解に努め心に寄り添い行間に込められた思いも読み取りながら，全体的に把握していく姿勢が重要である。さらに，学級においても子どもたちが安心してクラスにいられる心の居場所づくりに努めなければならない。

　まず，作文は，道徳科の授業後に感想として書くなど，道徳科の授業との関わりで活用することが考えられる。その一方で，道徳科の授業とは関わりなく活用する方法も考えられる。この場合には，テーマを決めて作文を書くことも考えられるし，テーマは特に決めずに心に浮かんだことを書くことも考えられる。具体的な活用場面としては，班ごとに作文帳のようなものを用意して自分の思いや考えを表現する方法もあろうし，教師との交換日記のように活用する仕方も考えられる。いずれの方法にせよ，教師は子どもの考えを受容的態度で受け止めながら，安心して書かせるようにすることが大切である。また，作文は子どもの文章能力が問われることにもなるので，日ごろから文章を書くことに慣れる環境づくりをすることが大切である。

❶道徳科で活用する

　道徳科の特質の一つには，教材に含まれている道徳的な問題に関して自分の感じたことや考えたことを述べ，クラス全体で話し合うことがあげられる。道徳科では，話し合いを通して道徳的価値について考え，これまでの自分自身との関係でとらえ直すことで道徳的価値の理解を深めていくことになる。もし，道徳科の授業で道徳的価値の理解が深まったとしても，表情や一部の子どもの発言だけで道徳的価値の理解の深まりを把握することは難しい。そこで，作文

を活用することにより子どもの道徳的価値の理解や道徳的学びを把握したい。

　作文は自由に書かせることが大切であるが，教師が評価したい事柄や明らかにしたい事柄がある場合には，それに視点をあてて問う必要がある。たとえば，道徳的価値の深まりについて把握したい場合は「この時間であらたに気がついたことはどのようなことか」などとテーマを設定して問うことが考えられる。また，道徳科での学びを把握したい場合には「今日の道徳の授業の感想を書いてみよう」「今日の道徳で学んだことや考えたこと，感じたことを書こう」などと問うことも考えられる。このように子どもたちが書いた作文には道徳的価値の深まりや道徳的学びが綴られている。このような作文に対し，教師はコメントを書き加えて返却するようにしたい。コメントを記入する際に心がけたいことは，道徳的価値の理解の深まりや道徳的学びを賞賛することであり，基本的姿勢として道徳的成長を願いほめ伸ばそうとする思いをもつことである。これらの道徳科における学びや道徳的成長は記録として保存しておき，通知表や指導要録の記入の際の素材や参考としたい。

❷グループ日記等で活用する

　作文の活用方法の一例として，班ごとに作文帳などを用意して，班員が輪番で書くグループ日記のような方法が考えられる。グループ日記の記述については，テーマに沿って書くことも考えられるし，日々の生活の中での雑感などを記入する方法もあるだろう。テーマを決めて書く方法では，例えば「思いやりとはどのようなことか」のように道徳的価値自体をテーマに扱うこともできるし，特別活動との関連で学級活動や学校行事に関わりのあるテーマを設定することも考えられる。あるいは，今日的な話題について考えることもできる。また，特にテーマを決めない場合は，子どもたちの興味・関心のあることや学校や家庭での出来事が綴られることになると思われる。これらの作文の中には，道徳的価値の気付きや道徳的学びが記述されているので，この点を視座に据えて読むように心がけたい。

　一方，作文の活用については，子どもと教師が往復書簡のようにやり取りをする交換日記のような活用方法も考えられる。発達段階により活用方法は異なり，小学校の低中学年では家庭との連絡をするための連絡帳としての色彩が強いが，小学校中高学年から中学生では明日の予定の備忘録とともに，自分の考えていることなどを書いて教師と交換日記を行うことが考えられる。まさに，この方法は子どもと教師の心のキャッチボールであり，日々の生活の様子や悩みから道徳的価値観まで把握することができる。

　このように作文を書くことは，自分の考えを深めることにもなるし，班員の相互理解につながり，子どもの感じ方や考え方を知るよい機会となる。もちろん，子どもたちの文章に対しては賞賛や励ましの言葉を添えることで，さらなる道徳的成長を願いたい。また，作文の中には道徳科の教材として活用できるような優れた作文もあるし，道徳教材のヒントになる作文もある。ぜひ，そのような作文は日々の教育活動の中で生かせるよう工夫したい。

(富岡　栄)

道徳授業の評価の方法とポイント

2 ノートやワークシートの活用とポイント

記述文は評価の重要な資料となる

　ノートを活用することは，作文と同様で子どもたちの生活体験や反省，意見，希望などがありのままに表現されるので，道徳的価値観を理解するのに有効な方法である。やはりノート活用においても重要なことは，自由に安心して書けることを保障し，そのための環境整備に努めることである。また，ワークシートの活用は，教材の内容を把握することに効果があり，発問などに対しての自分の考えをまとめることにも有効である。これらの記述文は，子どもたちの感じ方や考え方を把握することに役立ち，評価する際の重要な資料となる。

❶道徳科のノートを用意する

　各教科では教科専用のノートを準備し学習の際に使用している。子どもたちは，国語科ならば国語のノートを，理科ならば理科のノートを所持している。もし，子どもたちが各教科のノートを用意していなければ，教師はノートの準備を指示し使用することを指導するであろう。これから評価を適切に確実に行っていかなければならないことを考えると，道徳科でも専用ノートを用意することはごく当然のように思われる。

　ノートの具体的な活用方法としては，まず，予習に使用する方法が考えられる。教師ならば，学習する内容について事前に予習を行うことを指導するだろう。これからの道徳科では教科書を使用するので，教師は次時にどの教材を使用するのか簡単に指示することができ，子どもたちも予習することが容易である。道徳科の予習については，教材と出会ったときの感動が薄れるから予習はふさわしくないとの指摘もあるが，すべての教材が感動的なものばかりとは限らない。むしろ，事前に予告しておき，子ども自身が思考をめぐらし考えておくことにより話合いが深まる可能性がある。予習についての教師の指示は，単に読んで感想を書かせるだけでは授業に生かすには不十分であるので，例えば「主人公の言動についてどのように思うか」や「（教材で述べている考えに）賛成か，反対か。また，そのように判断したのはどのような理由か」のように，授業の展開に沿い，生かせるような視点から指示することが望ましい。

　次に，ノートの活用方法については授業の終末で使用することが考えられる。前述した作文と重なる部分はあるが，例えば，「今日の道徳の授業で学んだことを書いてみよう」や「感想

を書こう」などとまとめとして活用できる。ここに書かれた文章は，1時間の評価をする際の資料ともなるし，子どもたちが後で自分の書いた文章を読み返してみて道徳的成長を確認することができる資料ともなる。もし，これらのことが終末の時間内に書きあがらないとすれば，道徳科のノートは個人で用意したものなので，家庭学習に課す方法もある。この家庭学習に課す方法は，さらにじっくり考えさせたい場合には有効な方法である。道徳科で学んだ学習が子ども一人だけに留まらず，「家庭の人と話し合ってみよう」と家庭での話題にも発展させることができる。道徳が教科になることを考えると，専用のノートを用意しそれを活用しながら予習・復習を行うことになんの不自然さもないであろう。その他のノートの活用方法としては，班ごとにノートを用意して，班員が輪番でテーマに沿って書いたり，あるいは特にテーマを決めずに自分の思いを書いたりする方法などが考えられる。

❷ワークシートの有効性と留意すべきこと

　ワークシートは，教材の内容を把握させるために活用したり，発問に対して自分の考えを書かせる場面で活用したりするケースが多いと思われる。ワークシートは，教材の内容把握を確実に行うことや発問に対して発言する前に自分の感じたことや考えをまとめるのに効果がある。また，記録としても残り，子どもたちの思考や学びの様子を把握することができる。特に，中心発問は授業の中核的な部分でもあり，じっくり考えさせた上でねらいに迫った深まりのある発言を期待したいので，ワークシートの活用は有効である。このことにより，考える時間も与えられ，その後の発言も安心して自分の考えを発表することができる。

　中心発問に書かれたワークシートや終末に書くまとめとしての記述内容は，子どもたちの道徳科での学びを評価するための大切な資料となる。これらのワークシートの内容から授業のねらいに迫れたのかを判断することができるし，道徳的変容を把握することも可能となる。書かれた内容を分析評価する方法は，評価基準を設定してそれをもとに行うことも考えられるし，実生活の中で学習した道徳的価値を生かしていこうとする意欲や態度が記述されているかという視点で評価することなどが考えられる。

　さらに，このワークシートは道徳科の専用ノートに添付することが望ましい。このことにより，学期ごとに道徳科の授業を振り返ったり，年間を振り返ったりして評価する際のポートフォリオ評価として活用することができる。

　ただ，ここで，注意したいことが一点ある。ワークシートの活用は，たしかに自分の考えをまとめたり深めたりするには有効な手段ではあるが，あくまでも，道徳科の指導においては学級集団での話合いに主眼が置かれるべきであり，このことを教師は自覚すべきである。ときに，ワークシートに記入することに授業の大半を費やしている授業を見かけることがあるが，そのような授業は話合いがなく深まりのない授業となってしまう。あくまでもワークシートは手段であり，目的でないことを理解しておくことが重要である。

（富岡　栄）

道徳授業の評価の方法とポイント

3 質問紙（アンケートなど）の活用とポイント

評 価したい事柄を焦点化できる

　質問紙による評価方法は，教師が用意した質問事項に回答させ評価に必要な資料を収集する方法である。質問紙法は比較的簡便に行うことができ，教師があらかじめ作成しておいた質問を用いて評価したい事柄を焦点化して子どもたちに問うことができる。この方法には，選択による方法や自由に記述する方法のほか問題場面を設定して回答させる方法などがある。なお，質問紙によるアンケートの正確性を保つためには，質問事項が難しすぎないことや子どもたちが素直に応答できる落ち着いた雰囲気や回答の時間を十分確保するなどの環境を整えておくことが大切である。

❶選択による方法

　選択による方法は，簡単に回答することができ，アンケートでも一般的な方法であろう。これは，質問事項に対して感じたり考えたりしたことを用意された選択肢の中から自分の考えに最も近いものを選ぶ方法である。比較的文章表現が苦手な子どもにとっても簡単に取り組むことができる。選択による方法では，表面的にはわかりにくい意欲の把握なども，比較的容易にその実態を把握することができる。たとえば以下のような質問項目を設定することで授業に対する意欲などの実態を把握することができる。また，授業における学級の雰囲気や教材などについても比較的容易にその受け止め方を確認することができる。

　選択肢の設定については，3件法や5件法の奇数の選択肢で行う場合がある。ただ，このような場合は心理的に中央値を選択する可能性があるので，傾向性を確認したい場合は2件法か4件法が望ましい。また，質問項目が多数あったり時間の確保がなされなかったりする場合は，子どもたちは文章も読まず適当に記入することも考えられるので，十分に時間をとるなどの配慮が必要である。

内　　容	よくない			よい
挙手や発言ができた（表出した行為）	1	2	3	4
挙手や発言をしようとしていた（意欲）				
授業に真剣に取り組んだ（態度）				

道徳的な学びがあった（道徳的価値の自覚）				
クラス全員で考える雰囲気があった（クラスの雰囲気）				
教材は魅力的（感動的）であった（教材について）				

選択による方法の具体例（最も当てはまるところに丸をつけなさい）

❷自由に記述する方法

　自由記述は質問項目に対して自由に記述させるものであり，子どもは制限を受けることなく回答することができる。それだけに子どもたちが感じたり考えたりしたことをストレートに表現するので，評価結果が如実に表れやすい。この自由に記述された内容は，内容自体が評価とも考えられるが，ねらいとの関係でとらえるとねらいにどれだけ到達できたのかという視点で評価基準を設けて評価することが考えられる。今後，子どもたちが書いた文章を評価するよう心がけていくことが重要である。

　質問項目については，選択による方法と同様で授業や学級の雰囲気，教材などについて問うことが考えられる。具体的には，前述の作文やノートの活用と重複する部分はあるが，「今日の授業の感想を書いてください」や「教材で最も心に残ったところはどこですか」あるいは，「この授業で学んだことをこれからの生活でどのように生かしていきたいですか」などが考えられる。また，授業の中で誰のどの発言や意見が参考になったかなどを質問して，他者からの評価の情報収集も行うよう工夫したい。これらの中で，特に道徳的成長が確認できた記述については，通知表や指導要録の道徳科の欄へ記入する際の資料となるであろう。

　質問項目については，理解の難しい抽象的な質問では回答しにくいので，明確にわかりやすく示す必要がある。また，安心して自由に書くことの保障がなければならない。子どもが教師やクラスメイトの顔色を伺い，自分の考えを文章にすることをためらうようでは信頼の得られる評価とはならない。この点においても，日頃から，自由に語り合え自由に書くことができる雰囲気を整えておくことが重要である。

❸問題場面を設定する方法

　問題場面を設定する方法とは，道徳的な場面を文章や絵等を用いて設定し，下した判断やその理由を選択肢の中から選んだり文章完成法により回答したりする方法である。この方法は子どもが道徳的問題場面に直面して善悪を判断できるかどうかについて知ることができ，主として道徳的判断力の評価を行うのに適している。このように，子どもの道徳的判断力の評価に適切な方法であるので，授業の前後で，場面設定を変更しながら問えば，子どもたちの道徳科での道徳的変容を見取ることができる。これは道徳性の診断テストなどにも多用されている評価方法である。留意すべきことは，子どもにとって日常生活で起こりうるような場面設定にすることが重要である。

（富岡　栄）

道徳授業の評価の方法とポイント

4 発言や行動の観察とポイント

観察と記録を積み上げる

　発言や行動を観察する方法は，子どものありのままの言動を観察し記録していくことになる。この方法の特徴は，子どもたちが評価されているという意識を伴わないままに評価することができることである。まず，評価に際して重要なことは，観察を積み上げ記録を確実にとることである。1回の観察の記録だけでは妥当性を保証できない。よくわからないことも，観察し記録を積み重ねることにより，それらの記録の中からある傾向性が見えてきたり全体像が浮かび上がったりしてくる。だが，このように利点がある一方で，この方法は観察や記録さらに分析に時間と労力がかかり，また，解釈が主観的に陥る可能性もある。このような課題点も考えられるので，あらかじめ，観察の観点を定めるなどして，他の教職員と協力しながら年間を見通して組織的，計画的，継続的に行い，客観性を保持しようとすることが大切である。また，観察する際は，外部に表出した言動だけで判断するのではなく，表情や態度から行為の背景にある心の動きを把握しようとすることも重要である。

❶チェックリストによる方法

　チェックリストは道徳科の授業において観点別評価の関心・意欲・態度を評価するのに有効な方法である。具体的には，以下のような表を作成しておいて該当する行動が生じたらチェックする。この方法により，授業中の行動を把握することができ，関心・意欲・態度を評価することができる。ただ，授業を進行させながら授業者一人で記録することが困難と思われる場合は，複数の教師で分担しながら記録すればよい。また，毎時間全員を対象としなくても，授業のねらいと子どもの実態の関係で気になる子どもを抽出して，その子どもを対象に評価する方法も考えられる。

	生徒自身のこと		教師との関係		級友との関係	
	発言	挙手	教師への視線	うなずき	発言への傾聴	うなずき
生徒A						
生徒B						

　このチェックリストによる方法は，あくまでも子どもの表出した言動に視点をあてて評価す

る方法であるので，関心・意欲・態度は理解しやすいが，授業で学んだ道徳的価値の理解の深まりを把握するためには，さらに工夫が必要である。

❷発言の内容を分析する

　道徳科は，一般的に教材に含まれている道徳的な問題について考え話し合うことが基本である。よって，子どもたちが発言した内容は道徳科の授業評価をしていく際の重要な素材であり判断材料となる。その発言を分析していく場合には，量的に分析していく方法や発言した語末に着目して分析する方法などが考えられる。

　まず，量的に分析する方法に関して，具体的に次のような方法が考えられる。道徳科の授業の中で，数多く発言した言葉に着目する方法である。子どもたちが発言した一番多い言葉に着目することで，子どもたちの意識を掴み取ることができる。その授業の中で発言が予想されるキーワードを準備しておき，学級での話合いの中でその言葉が発せられたときにチェックすることで，子どもたちの意識を把握することができる。

　次に，発言の語末に注目する方法が考えられる。語末には，本人の意思や決意が表れる場合がある。そこで発言の語末を「〜と考える」（判断力）「〜思う」「〜と感じる」（心情）「〜のようにしたい」（意欲・態度）と分類することで，発言内容を評価していくことも一つの方法である。このことにより，ねらいにどれだけ迫れたのかが評価しやすくなる。また，子どもたちの発言の長短から授業への意欲や考えの深まりを理解することもできる。子どもたちの発言が長いほど，じっくりと考えている場合が多い。子どもたちの発言にしっかりと耳を傾けたい。もちろん，授業を進行しながら，授業者自身が発言を記録し評価していくことは困難であるので，録画等の方法により音声や映像で記録した上で分析していくようにしたい。

❸行動の真意を確認する

　学校生活の中で，子どもたちは大なり小なりの多くの道徳的な行為を行っている。このような場面に遭遇した場合は，その道徳的行為を記録しておくことが重要である。その記録は通知表や指導要録の記入の際の有効な素材となる。ただ，教師は子どもたちと時間や空間を常に共有しているわけではないので，数多くの道徳的行為を把握するためには，教師の組織を生かすことや自己評価や他者評価を生かすことである。

　記録すると同時にその行為を賞賛することが大切である。加えて，道徳的行為が生じた場合，真意を聞くことも重要である。つまり，道徳的行動が確認できた場合は，「どうして，そのような行動をしたのだろう」「どうして，そのような行為ができたのだろう」と問うことにより，行動の根底にある道徳的価値観を理解することができる。もちろん，道徳的行為自体を賞賛することは大切なことであるが，それ以上に，その道徳的行為を支える道徳的価値観を把握し賞賛することが子どもの道徳的成長をさらに促進させることにつながる。

（富岡　栄）

道徳授業の評価の方法とポイント

5 面接法とポイント

子どもとの信頼関係を構築する

　面接法は子どもたちと直接対話をすることによって、考え方や感じ方をとらえる方法である。面接法は、その手法に慣れ円滑に行うことができるようになれば、話の内容の核心に迫ることができるとともに、話し方や表情からも子どもたちの内面的な心情を理解することができるようになるので、有効な評価方法であるといえる。面接法を円滑に行うには、カウンセリングマインドのような技術的な面も大切ではあるが、最も大切なことは子どもとの信頼関係を構築しておくことである。

❶子どもの理解に努める

　道徳科における指導は原則的に担任教師が行うので、面接を行う場合も担任教師が実施することになる。もし、子どもが担任教師に対して親しみがもてず信頼していないとすれば、心を開いて自分の考えたことや感じたことをありのままに語ることはないであろう。面接法により評価を行うには子どもとの信頼関係を構築することが肝要である。そのためには、まず、学校生活の中で子どもたちをよく理解することである。もちろん、学習に関する意欲や理解度は当然のことながら、友人関係や性格面なども含め全体的に把握しておくことが大切である。さらに、子どもの悩みなどに共感的に寄り添い傾聴することを心がけたい。結果的には、このような姿勢が信頼を得られることにつながる。また、日常の何気ない会話なども人間関係を円滑にする上では大切である。その際、配慮すべきことは全員に平等に接することであり、子どもによって会話量の多寡がないように注意したい。

　また、面接を進めていく上で、落ち着いた雰囲気のもとで十分に時間をかけて行うことが必要である。面接は子どもの考えを引き出すために行うので、時間を区切ったり気にしたりしながら行うようでは、真の考えを聞き取ることは難しい。子どもの考えを引き出すことに性急すぎないようにしたい。具体的には、放課後の教室などで教師と子どもの1対1で対面して行うことが考えられる。もし、言葉に詰まるような場面があったら、必要に応じて後日話を聞くことを伝えて、再度面接することも考えられる。そして、子どもの発言は一部分のみをとらえて判断するのではなく、全体を通して把握するように努めるべきである。

❷計画的に行う面接

　計画的に行う面接は，道徳科の授業後や学校生活の中で立てた面接の予定に沿い実施することになる。授業後の面接では，子どもたちに感じたことを自由に語らせる方法もあるし，教師があらかじめ問いたい内容を決めておき尋ねる方法もある。また，学期や学年の終わりなどに計画した面接では，これまでの道徳科の授業や学校生活を振り返り，自分自身のことやクラスメイトの道徳的成長を確認することなどが考えられる。

　子どもたちの学習状況や道徳的成長を把握し，その後の指導に生かすためには，基本的に毎時間評価をすることが望ましい。しかし，子どもの人数が40人に近いクラスでは，すべての道徳科の授業後に，全員の子どもと面接を行うことには不可能に等しい。よって，面接法で評価を行う場合は，1時間の授業後に行う面接の人数を決めて，学期ごとや年間を見通して計画を立てることが望まれる。計画的に行う面接は，事前に子どもたちに伝えておいて，10月第1週の授業後の面接は〇〇さんと◇◇さん，のように決めておく方法がよい。もちろん，面接を行うことの目的は子どもたちの学習状況を把握し道徳的成長を見取るために行うものであることを念頭に入れておきたい。ただ，この意識が強すぎると緊張感が増す可能性があるので，人間的なふれあいを大切にしながら行うことが重要である。

❸タイムリーに行う面接

　面接については，計画的に行う必要がある一方で次のようなことも考えられる。授業中に気になる発言があった場合や表情や態度から明らかに発言をしたそうな子どもがいた場合，あるいは，学校生活の中で言動が気になる子どもがいる場合には，必要に応じて面接を行うことが望ましい。次のようなタイムリーな面接を行ったことで，効果があった事例を紹介する。「卒業文集最後の二行」（「私たちの道徳　中学校」文部科学省，231ページ）を使った授業中に，発言したい素振りを見せていた女子生徒がいた。授業後，その生徒に「何かいいたいことがあるんじゃない？」と問いかけてみた。するとその生徒は，小学生の頃いじめを受けていて学校に行くのが毎日辛かったと打ち明けてくれた。だから，T子さん（教材中の人物）の気持ちは痛いほどよくわかると言い，自分が苦しい経験をしたからこそ絶対に人はいじめたくないし，やさしく接したいと思っていると述べた。発言したかったけれど，同じクラスに加害者がいるので，自分の発言でその人を苦しめることになるのではないかと，躊躇していたとのことである。このようなことは発言できないしワークシートにも書きにくい。タイムリーに面接の機会を設けたので知りうることができた事例である。この生徒は，教師が面接をしたことに対し謝意を述べるとともに，道徳科の有意義性を語ってくれた。このようにタイムリーに面接を行うことで，子どもたちのそのときどきの心の機微をとらえることができる。タイムリーに行う面接は，道徳科だけに留まらず学校生活全般で様子をよく観察し実態を把握した上で行っていくことが大切である。

（富岡　栄）

評価を生かした道徳授業づくりのポイント

1 授業改善につなげる評価

授業改善は，あるべき「授業像」を明確に描くことから

「道徳の時間」が「道徳科」となって，何が変わったのか。何よりも，目指すべき「授業像」が明確になったことがあげられる。「教科」時代の道徳の授業は，以下のような授業でなければならない。

① 「道徳的諸価値についての理解をもとに」した授業であること。
② 子どもたちがしっかりと「自己をみつめる」ことができる授業であること。
③ 子どもたちが，他の子どもたちとの意見交流等の活動を通して，「物事を多面的・多角的に考え」ることができる授業であること。
④ 子どもたちが「自己の（中学校では「人間としての」）生き方についての考えを深める」授業であること。
⑤ ①〜④に示された学習活動を通して，「道徳的判断力，心情，実践意欲，態度」の資質能力を，しっかりと育てる授業であること。

各教科では，すでに，(1)「目標（あるべき授業像）」を設定し，(2)「評価規準」を設定し，(3)「評価規準」に基づいて「観点」ごとに授業評価する。という，(1)〜(3)の方法が確立されている。そして，それは，特別活動や総合的な学習の時間においても行われているのである。

道徳の時間もまた，「授業」である以上，それは決して例外ではないはずである。しかし，意外なことであるが，「道徳」の場合，「数値による評価は行わない」という文言を盾に，これまで，「そもそもよい授業とはどのような授業であるのか」ということさえも，あまり追求されてこなかったのではないだろうか。

私たちは，今こそ，これまでの悪しき傾向を克服し，「教科」としての「道徳」にふさわしい「評価観」を打ち立てるべきなのである。

授業における「評価」とは，あるべき「授業像」に少しでも近づくために，私たちが「授業改善」を進めていく際に，今教室で行われている現実の授業と，あるべき授業の「理想像」とのギャップを知ることなのである。

評価は「動的」に,「柔軟」に,かつ「継続的」に

　道徳もまた,「教科」として,しっかりとした「評価観」を確立すべきであると述べたが,一方で,「道徳の評価」には,次のような重い課題もまた,突き付けられている。

　道徳の時間の評価は,その時間にとりあげた内容項目（＝道徳的価値）に関して,子どもたちが,どこまでその授業のねらいに迫ることができたかという観点から評価することになる。しかし,実践に先立って明確化した教育目標に基づいて授業や評価を行うことは,目標達成に向けて学習者である子どもたちを効率的に追い込んでいくことにもつながる危険性を秘めている。「追い込む」という表現が言い過ぎであるならば,ある「価値」に子どもたちを誘導することにはならないだろうか。それは,実践の硬直化を招くことにもつながりかねない。

　「目標に準拠した評価」が適用できるのは,成果が見えやすい知識・技能の習得を目標とする部分のみで,思考力や態度の形成といった,より高次で教育的に価値ある目標の評価には適さないのではないかといった指摘は以前からなされている。まして,道徳で育てたい「資質・能力」は,その子どもの全人格に関わる「道徳性」そのものなのである。そのような視点に立つならば,まさに,「内容項目」によって表される「道徳的価値」と正対しながら,ときには悩み,ときには日頃の自分のありように思いを馳せながら,「よりよい生き方」について考える,その子どもたちの姿勢そのものを応援できるような,評価でなければならない。

　だからこそ,道徳は,その創設以来,一貫して,安易に「数値などによる評価は行わない」としてきたのである。道徳の時間の評価は「授業者である教師が,児童生徒の人間的な成長を見守りながら,児童生徒自身が自己のよりよい生き方を求めていく努力を認め,それを応援するはたらきをもつもの」であるべきである。

　また,改正後の学習指導要領では,小学校,中学校ともに,「評価」について,「第3章特別の教科　道徳」第3の4において,以下のように示されている。

> 　児童（生徒）の学習状況や道徳性に係る成長の様子を継続的に把握し,指導に生かすよう努める必要がある。ただし,数値などによる評価は行わないものとする。＊下線は筆者

　改正前の学習指導要領においても,児童生徒の「道徳性」については,「常にその実態を把握して指導に生かす」ことが求められていたし,「数値による評価は行わない」ということも記されていたので,「評価」に関する考え方が,本質的に変わったわけではない。しかし,より一層,子どもたちの「生き方」に対する学びを「継続的」にとらえる必要性が強調されたとみてよいだろう。さらに,また,「実践」にもつながる「問題解決」的な視点も,評価に取り入れながら,授業改善をして行くことが求められていると考えるべきであろう。　　　　（杉中康平）

評価を生かした道徳授業づくりのポイント

2 子どもの発言やノートをもとにした授業の評価と改善

何を，どう評価し，どのように授業改善につなげていくのか

「指導と評価の一体化」という言葉を持ち出すまでもなく，「道徳科」における評価は，常にその指導に生かされ，結果的に児童生徒の成長につながるものでなくてはならない。本項では，子どもの発言やノートをもとにした授業の評価とは，何をどう評価することなのか。さらにはその評価が，授業改善にどのようにつながるのかを論じていきたい。

まず「何を評価するのか？」であるが，これは，子どもたちの「学び」を評価することと教師自身の「授業」を評価するということの二つを意味する。もう一つは「どう評価するか？」である。これについても，子どもたちに対する評価と教師自身の授業評価の二つの視点から考えていく必要がある。次に，その評価を，「どのように授業改善につなげていくのか」について考えていかなければならない。以下，その一つ一つについて，詳しく述べていく。

子どもの学習評価は，「多面的・多角的に」「継続的に」

道徳科の評価が，「数値等による評価はそぐわない」というのならば，必然的に，記述による評価，個人内評価，形成的評価，パフォーマンス評価，エピソード評価等になる。100％客観的な評価にはなり得ないものの，最終的には，教師の鋭い観察眼，省察する力に準拠した評価しかあり得ないのではないだろうか。しかし，同時にまた，教師の主観や偏った見方を排するためにも，まずもって**評価の根拠**（＝evidence）となるものを収集する必要がある。子どもの学びを評価する際に，一人一人の子どもたち（その保護者も含めて）に対して，きちんとアカウンタビリティー（説明責任）を果たすという意味でも，その根拠としての記録が必要である。評価した結果，その「評価」に対して，一人でも納得のいかない子ども（あるいは保護者）が出てしまっては，すべての前提である「信頼関係」を揺るがしかねないからである。

しかし，本当に大切なのは，評価の根拠（＝evidence）を示す以前に，日頃から，学級経営や子どもに対する声かけや支援に細かい配慮をしながら，まずもって子どもたちとの信頼関係を構築していく必要である。つまり，子どもの学習評価をするということは，自らの，日頃の学級経営の在り方を評価するということでもあるのである。

さて、では、具体的にどのように評価していくのか？　道徳における評価は、他教科と同じように、評価されることによって、さらに子どもたちの次の学びにつながっていくような前向きな「形成的評価」でなければならないことは言うまでもない。子どもたちが通知表をもらったとき、「もっとがんばろう」「先生はそんなところまで細かく見ていてくれるんだ」「次の学びにつなげていこう」と思えるような評価でなければならない。そうなると、当然のことながらプラス評価、がんばっていることへの評価、自身の課題がどこにあるのかがわかる評価、でなければならない。具体的には、授業中の発言内容、振り返りカードへの記述が、その主な根拠になるに違いない。

　しかしながら、ここで気を付けておかなければならないことは、評価がその「記述内容」のみに頼りすぎてはならないということである。子どもたちの記述していることだけで評価することになれば、国語力、文章力、ボキャブラリーが豊かな子どもを高く評価しがちとなり、逆に、自分の思いをうまく表現しにくい子どもの評価は低くなりがちとなってしまう。「道徳の評価」としては、本当にそれでいいのであろうか。学級には、言葉自体はたどたどしく、うまく表現できないが、心優しい児童生徒がたくさん存在する。また一方、言葉巧みに表現できても言動・行動が伴わない子どもも数多くみられる。

　3章の文例集に見られるように、日頃の言動なども加味しながら、発言しているときの様子、仲間の発言に耳を傾けている態度等も組み入れながら、子どもたちの発言内容を多面的・多角的に分析しながら、評価しなければならない。そして、すでに多くの学校・学級で行われているように、ワークシート等の「ポートフォリオ」化を進めることによって、その積み重ねたデータをもとに「継続的に」評価することが大切である。綴られた「ワークシート」は、それを見返すことによって、子ども自身が、自らの成長を確認することも可能となるのである。

授業評価は、子どもの学習評価と「連動する」ことで生かされる

　前項で述べてきたような児童生徒の学習評価は、当然のことながら教師自身の授業評価にもつながると考える。なぜならば、児童生徒の学習評価が高ければ、それは必然的に授業評価が高かったことを物語っていると考えられるからである。反対に、児童生徒の学習評価が低ければ、授業自体が、それぞれの子どもたちにとって意味ある活動・学習になっていなかったことを表しているからである。つまり、児童生徒の学習評価が高いことが、授業評価の良し悪しを決める重要なポイントとなるわけである。

　また、特にワークシート等への記述内容は、具体的にその授業の、何が、どのようによかったのかを読み取っていく鍵となるだろう。子どもがその授業から何を学び、どんなことに意味を見出しているのかをしっかりと読み取り、授業評価に生かしたい。授業評価の読み取りがより具体的で詳細であるほど、授業改善の視点を得られるはずである。

（杉中康平）

評価を生かした道徳授業づくりのポイント

3 子どものアンケートによる授業の評価と改善

子どものアンケートによる授業評価は，授業を映し出す鏡である

　前項では，道徳科の授業における発言内容や記述内容から，どのように子どもたちの学習評価をしていくのか，また，授業改善への指標としての子どもたちの学習評価の活用の仕方について述べてきた。本項では，さらに，授業アンケートから見えてくる，子どもたち自身による道徳授業に対する手ごたえをもとに，いかにして，その授業を評価していくことが可能なのか，また，それらをもとにして，いかに授業改善に生かしていけるのかについて述べていきたい。

　子どものアンケートによる授業評価も，一部ではかなり浸透してきたように聞く。子どものアンケートによる授業評価の一般的なものには，4件法もしくは5件法による「マーク式の評価」がある。道徳の授業が終わった後に，①今日の授業は楽しかった（充実していた）ですか。②今日の授業はためになりましたか。③今日の授業では新しい発見がありましたか。④今日の授業では自分の意見をしっかりといえましたか。⑤今日の授業では友達の意見をしっかりと聞けましたか。⑥この資料はためになりましたか（感動しましたか，気付きはありましたか等）のような項目について，子どもたちが，ごく簡単にマークするものである。

　このアンケートのメリットは，何といっても，子どもに負担感がなく，短時間で「印象評価」が可能な点であろう。「直感的・感覚的な評価」は，ある意味，核心をついている場合が少なくなく，意外と的を射たものである場合が多い。つまり，この評価の最大のメリットは，子どもたちの実に素直な感想を引き出すことができる点にある。

　一方，より詳しい評価は期待できず，具体的に何がよくて心に残ったのか，何が課題であったのかは推測しにくいというデメリットも持ち合わせている。

　これとは，対極的な評価に，「記述式の評価」がある。ある程度的を絞った形で質問項目を設定することで，リアルな感想を引き出すことが可能になる。つまり，マーク式の評価に対して，より次の授業への改善の指標が得られやすいともいえそうである。ただ，国語力が弱くボキャブラリーが少ない児童生徒にとっては，必要以上に負担感が伴う状況が否定できない。そうなってしまうと，道徳の授業に対する愛好度が低減してしまい，結果的に「道徳嫌い」を生み出してしまうという危険性も秘めている。

　このことを回避するためには次の二つの方法が効果的であると考える。一つはまさに国語力

自体を鍛えることである。このことは何も国語の時間のみならず，他教科や特別活動でも育成可能なことである。否，学校教育全体で高めていくことが大切なことである。学校教育の様々な場面においては言語活動の場はふんだんにある。話すこと，書くことを中心に国語力を鍛え，ボキャブラリーを豊かにしていくことは学校教育に課せられた重要な課題の一つであろう。

　もう一つは，「豊かな体験の場」の保障である。人間は感動の中で言葉を豊かにしていく。さらに言うならば，「感動を伴わない知識は知恵とはならない」という言葉に代表されるように，感動とともに覚えた言葉はしっかりとその子の心と頭に刻み込まれるのである。

　また，言葉に頼らなくても，優れた力量をもった教師ならば，授業中の発表態度や仲間の意見に耳を傾けている姿勢にも，授業評価を読み取ることができるはずである。まさに，「まなざしによる評価」である。そうした子どもたちの「まなざし」に気付けないような教師ならば，授業中の臨機応変な「切り返し」や「問い返し」もまた，難しいだろう。指導案はあくまで指導案として活用するが，それはあくまでも案として受け止め，そのときどきの子どもたちの状況や反応によって，授業の流れをつくり出していける教師でありたいものである。

子どものアンケートによる授業改善は，学校あげての取り組みの中で

　さて，ここで，先に述べた子どものアンケートによる授業評価を，いかにして「授業改善」につなげていくのかについて述べていくことにする。子どもたちのアンケートからは，実に様々な情報が得られる。まずもって大切な情報は，その授業は，子どもたちにとって楽しく充実したものであったのか，役に立ったと感じているのか，感動が得られたのか，心に刻み込まれたのか，生活につなげて考えられたのかといった授業内容に関する評価がそうである。次に大切なのは，自分の意見を満足の行く程度に表現できたのか，仲間の意見に耳を傾けられたのか（仲間の意見を自分の中に取り入れられたのか），班での話し合いではコミュニケーション能力を発揮できたのかといった授業方法（学習方法）に関する評価である。

　こうした様々な情報を次の授業に生かしていくにはどうしたらいいのか，このことに関しては単にこうした書籍を読むだけでは実現不可能であろう。「わかる」ことと「できる」ことは違うからである。子どもたちの授業に対する評価から，何を読み取りどう生かしていくのかについては，豊かな経験を重ねながら，教師として悩みながらその力量形成を図るしか方法はないように思える。つまり，その教師その教師の不断の努力こそが最大の近道なのである。ただ，唯一近道があるとするならば，「同僚性」を生かして教師集団として高め合うことであろう。一人では読み取れないことも仲間の教師，先輩教師，優れた授業力をもった教師に囲まれて切磋琢磨していく方法があろう。こうした「同僚性」を発揮できるかどうかは，優れた管理職の存在も重要である。まさに，学校をあげて子どもたちのために道徳授業力の向上に取り組んでいくことが，子どもたちの私たちに対する「評価」を生かす道なのである。

(杉中康平)

2章

「特別の教科　道徳」の授業＆評価ガイド

低学年の授業＆評価ガイド

中学年の授業＆評価ガイド

高学年の授業＆評価ガイド

中学校の授業＆評価ガイド

低学年の授業＆評価ガイド

1 「主として自分自身に関すること」
「かぼちゃのつる」の授業＆評価ガイド

低 学年Aの視点の評価

　Aは「自分との関わりについて」考える内容である。授業で深まったことが生活場面で生かされているのかを見取ることが可能な項目でもある。低学年では特に前向きな評価を進めていかないと道徳の時間で深まったことへのよさを否定してしまいかねないので注意したい。

　生活場面での評価については行動の記録とも関連付けられる点もあるので1年間をかけて見取ることを大切にする。長期的な視野にたって前向きな評価の声かけを進めていくことで力もついてくる。

　低学年では自分との関わりについての自己肯定感を十分に感じられるような評価にしていくことができればと考えている。

授 業＆評価のアイデア

❶授業のアイデア

　お話の世界に入り込ませるためにたくさんの工夫をした。まず，児童は黒板を見ながら教師の読み聞かせを聞く。その黒板ではかぼちゃのつるが動くようにすることで，映像のような場面絵を目指した。役割演技では子どもたちにそれぞれの役割の絵をもたせて進めた。

　導入ではつるの写真などを使い，子どもたちが日常生活でも気付けるようにした。

❷評価のアイデア

　ワークシートに書かせたものを表に分類していき，児童がこの時間，価値についてどのように考え，深めたのかを理解の視点から見取る方法で進める。

　理解については「価値理解」「人間理解」「他者理解」「自己理解」の4点で見取っていく。なかには，ずれてしまう内容項目も出てくると考えられるので「その他」も記述することによってこの授業が子どもたちにとってどうであったかも見取ることができる。

指導案

（1）主題名　わがままをしないで　A－（3）節度・節制
（2）教材名　かぼちゃのつる（出典：光村図書）
（3）ねらい　まわりの人のことを考えて，わがままをしないで生活しようとする態度を養う
（4）展開の大要

	学習活動	ねらいにせまる手立て	児童の反応
導入	1　学習への導入 　写真をみて気付いたことを発表する。	・つるを伸ばす植物やかぼちゃの写真を提示する。	・つるをどんどん伸ばして，ぐんぐん大きくなっている。
展開	2　資料を読んで話し合う ○つるを伸ばすかぼちゃはどんな気持ちですか。 ○注意されたとき，かぼちゃはどんな気持ちだったでしょう。 ◎つるを切られたとき，かぼちゃはどんなことを考えたでしょう。	・場面絵とセリフの吹き出しを提示しながら，話の内容を十分に把握させる。 ・黒板に提示したかぼちゃのつるを実際に伸ばしてみて，かぼちゃが気持ちよくつるを伸ばしている様子を感じ取らせる。 ・他人の迷惑を考えずに，わがままを通そうとするかぼちゃの気持ちに共感できるように，役割演技を取り入れる。教師がかぼちゃ役，児童が他の生き物役になる。 ・ワークシートを用意し，自分の考えを吹き出しに書いてから自信をもって発表できるようにする。	・楽しいなあ。 ・どんどん大きくなる。 ・もっと遠くまで伸びるぞ。 ・そっちに行きたい。 ・うるさいなあ。 ・ほうっておいてくれ。 ・ちょっとくらいいいだろう。 ・痛いよう。ひどいじゃないか。 ・みんなの注意をちゃんと聞けばよかった。 ・ごめんなさい。 ・もう，わがままましない。
終末	3　生活を見つめる ○かぼちゃさんにどうしたらよいか，手紙を書いてあげましょう。 4　学習のまとめをする		・これからは，わがままをしないで，友達の注意を聞きましょう。 ・まわりの人に迷惑をかけないようにしよう。

（5）評価
価値理解…まわりに迷惑をかけるわがままをしないことが大切であることを理解している
人間理解…まわりが注意しても聞かないかぼちゃがひどい目にあってしまうことは当たり前だと理解している
他者理解…わがままを通すことでまわりに迷惑がかかっていることを理解している
自己理解…自分の経験と重ね合わせることでこれからはわがままをしないことについて考えている

授業の実際

❶導入

「かぼちゃのつる」のお話の前につるを伸ばすということについてイメージをもつことができるようにいくつかの植物のつるの画像を見せて気付いたことを出し合っていった。画像を見せることで「邪魔になっている」,「どこまで伸びるのかな」などいろいろな話が出た。身近にあるものを導入で示すことでお話の世界がより近く感じられるように工夫した。

❷展開

読み聞かせをしながら黒板に絵を貼って進めていく。そのことで子どもたちは黒板を見ながら映像を見るように教師の読み聞かせを聞き,わがまま勝手につるを伸ばし続けるかぼちゃの様子を思い浮かべてかぼちゃの気持ちを考えながら発言していた。

わがまま勝手につるを伸ばし続けるかぼちゃを批判的に扱うために,わがまま勝手なかぼちゃ役を教師が演じ,その他まわりから注意する役を子どもに演じさせて役割演技を行った。子どもをかぼちゃ役ではなくまわりの注意役にすることでわがままはダメだという気持ちを引き出す手立てとした。また,まわりの人数を増やしていくことで子どもたちが自然とかぼちゃのわがままについてどういう声かけをしようか話し合う場面も見られた。

こういった場面で役割演技を入れて十分に子どもの意見を引き出しておくことで中心発問で「つるを切られたときどう思ったか」というところでは,「あのとき注意をしっかり聞いておけば……」「あんなことしなければ……」などより一層後悔の気持ちがでてきていた。

　※ワークシートを用いて評価していくが,この役割演技の場面でもたくさんの児童に発言させられる機会が多いので価値の理解については発言からも見取ることが十分に可能である。

板書

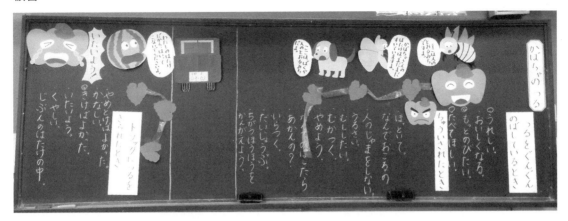

　かぼちゃのつるをどんどん伸ばしたり，切ったりできる板書になるように緑色のタフロープを使っている。子どもたちが考えやすいようにかぼちゃの表情も豊かなものにしている。
　セリフのように吹き出しを入れることで子どもたちの思いがわかりやすい板書にしていった。

❸終末

　終末はお話を大切にしながら，自分の思いをしっかりと語れるように手紙形式にした。このときかぼちゃを批判的にとらえて「かぼちゃさんにどうしたらよかったのか教えてあげよう」と投げかけることで子どもたちも自分の体験などを語ったり，「自分自身ももっとこうしていこうと思っているよ」と語りかけたりしながらわがままをしないことについてかぼちゃに教えようとしていた。

　書いたことで整理ができたので積極的な発言にもつなげることができた。低学年なので観点にそった感想を書かせることは難しいので発問で書かせる観点（価値理解・人間理解・他者理解・自己理解）を明確にして進めると授業後のワークシートからの見取りがしやすい。

（鎌田賢二）

低学年の授業＆評価ガイド

2 「主として人との関わりに関すること」
「どうぞのいす」の授業＆評価ガイド

低 学年Bの視点の評価

　授業で深まったことが，生活場面でどのように生かされているのかを見取ることも十分可能と考えられる。ただし，生活場面で生かされているかという点のみにとらわれてしまうと，子どもによっては道徳の時間で深まったことのよさを否定してしまいかねないので注意したい。

　生活場面での評価については肯定的そして前向きに進めることが大切になってくる。そのようなことに気を付けて評価の声かけを進めていくことで，学級経営にも非常によい影響が出てくる。

　低学年では人との関わりについての心地よさを十分に感じられるような評価にしていければと考えている。

授 業＆評価のアイデア

❶授業のアイデア

　挿絵に出てくる小鳥が俯瞰しているところを中心発問で取り上げることで，子どもたちも一連の流れを確認しながら価値について考えることができる。

　生活につなげるところでは，話の最後にでてくる「くり」を使うことでお話の世界から自分の身近な場面につなげやすくなる。

❷評価のアイデア

　ワークシートに書かせたものを表に分類していき，児童がこの時間，価値についてどのように考えていったのかを見取る方法で進める。

　「価値への理解について」「自分との関わりについて」「発展的にとらえることについて」という大きく三つに分けて考える。

　※価値への理解については「価値理解」「人間理解」「他者理解」の視点からどのように理解したかを見取っていく。

指導案

(1) 主題名　あたたかい心で　B-(7)感謝
(2) 教材名　どうぞのいす（出典：香山美子著，柿本幸造イラスト，ひさかたチャイルド）
(3) ねらい　「どうぞ」という言葉に込められた思いを考えることを通して，「どうぞ」という言葉を使ってまわりの人に親切を広めていこうとする心情を養う
(4) 展開の大要

	学習活動	ねらいにせまる手立て	児童の反応
導入	1　学習への導入 ○秋といえば思いつくものは何ですか。	・資料への導入を意識する。	・くり，ぶどう，どんぐり，かき，食欲の秋，スポーツの秋，読書の秋。
展開	2　絵本を読み，話し合う ○うさぎさんはどんな思いでいすを作りましたか。 ○ろばさんは「どうぞのいす」を見てどう思いましたか。 ○くまさん，きつねさん，りすさんは「どうぞ」と勧められてどんな気持ちになりましたか。 ◎鳥さんは，うさぎさんの「どうぞ」とその他の動物の「どうぞ」を見て何に気付きましたか。	・お話のすべてを鳥が知っていることに共感させ，考えられるようにする。	・みんな休んでもらいたい。 ・喜んでもらいたい。 ・休みたかったからよかった。 ・ちょうどいいね。 ・すわってみたいな。 ・うれしいなぁ。 ・食べてみよう。 ・いいのかな。（悪いねぇ） ・「どうぞ」って広がるね。 ・親切っていいなぁ。 ・自分も親切にしてみよう。
終末	3　生活を見つめる ○どんなときに「どうぞ」を使ったことがありますか。 4　学習のまとめをする	・作ったどんぐりをもたせてお話を大事にして話せるようにする。 ・視点にそった感想を書かせる。	・順番を先にするときに。 ・給食を配るときに。 ・プリントを後ろに配るときに。

(5) 評価
価値への理解について…どうぞという言葉に込められた親切について気付いている
自分との関わりについて…今までの自分の中でつながっているどうぞについて考えている
発展的にとらえることについて…これからどんな親切につなげたいかやどうぞを使ってどんな風に親切を広めていきたいかを書いている

授業の実際

❶導入

　今回，教材として用いた絵本は設定が秋になっているので，「秋といえば何ですか」というように軽く聞いてみた。児童は「読書の秋」など「○○の秋」というようなことや，「ぶどうがおいしい」，「くりがあるね」，「さつまいもがとれるよ」など食べ物のこと，「紅葉がきれいです」，「落ち葉が多くなる」，「どんぐりでものが作れる」など自然のことにも目を向けた発言を多くして，絵本の世界に十分に入る準備ができていた。

　最後に絵本の表紙を見せて，「この絵本からどうぞという言葉に気を付けていっぱいの親切を見つけてね」というように「親切」というキーワードを事前に伝えて読み聞かせに入った。

❷展開

　読み聞かせは，場面場面で切りながら発問をしていった。この後の楽しい展開にワクワク感を出すためである。いすを作っているうさぎの気持ちに自分の気持ちを重ねながら「みんなに休んでほしい」，「いいいすを作って喜んでもらいたい」など，すでに親切に関わる発言がたくさん出ていた。そのことと関連して，ろばの思いを聞くと，いすを作ったうさぎのモノづくりに込めた思いも大切にした発言が多くあった。

　「どうぞ」と勧められたときのくま，きつねそしてりすの思いに迫る発問を入れることで「どうぞ」に込められた心地よさを十分に感じることができていた。

　中心発問に入る前に「みんなとこの様子を同じように見ていた生き物がいるんだけどわかりますか」と質問した。そうそれは「小鳥」である。子どもたちも納得していた。その小鳥が俯瞰しているところに注目して，親切についての中心発問を行った。その発問を入れたことによって場面絵を振り返りながら「どうぞ」に込められた親切の連鎖に気付くことができていた。

※中心発問をワークシートに書かせることで「価値の理解について」の内容がたくさんでていた。これが授業後の評価にもつながるので，積極的に書かせることをした。また書けない子については全体の発表の中で聞いた意見の中で共感したり，納得したりしたことがあれば書くようにするなど指示して進めていった。

板書

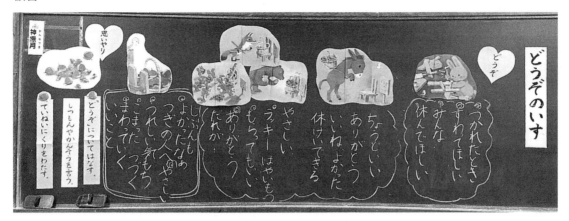

　右端から物語の時系列に板書した。「どうぞ」という言葉に着目させるためにハートの中にキーワードを入れて提示した。この板書では場面絵をたくさん使って展開していった。ろば，くま，きつね，りすの「どうぞ」から感じる気持ちは重なりがあると考えられるので板書でも同じように取り扱った。

❸終末

　お話の世界を生かしながら生活場面に返していくために，最後の場面に出てくるくりを使って「この後のお話の続きはみんなの今までの生活の中からさがしてね」と話した。グループ活動にしたため，話す子にくりをもたせ，どうぞについて話をさせた。その話についての質問や感想を伝え合ったあと，次の人に「どうぞ」といってくりを渡すようにした。子どもたちは笑顔で自分のことを語ったり聞いたりしていた。

　学習のまとめでは「どうぞ」だけでなく，親切を伝えていくには言葉にしっかりと思いをのせていくことが大切だということを伝え，実践につながるようにした。その後は評価の視点にそった形で「今日の授業で気が付いたこと」「同じようなことをしたこと」「これからやってみたいこと」について感想を書かせた。3点についてそれぞれ書かせるのはなかなか低学年段階では難しいので，どれかを選んで書くように伝えた。このことによって中心発問を含めたワークシートから「価値への理解について」「自分との関わりについて」「発展的にとらえることについて」という点についてどうであったかを見取ることができる。

（鎌田賢二）

3 低学年の授業＆評価ガイド

「主として集団や社会との関わりに関すること」
「黄色いベンチ」の授業＆評価ガイド

低 学年Cの視点の評価

　Cの視点は，自己を様々な社会集団や郷土，国家，国際社会との関わりにおいてとらえ，国際社会と向き合うことが求められている我が国に生きる日本人としての自覚に立ち，平和で民主的な国家及び社会の形成者として必要な道徳性を養うことに関するものである。ここでは，周囲への配慮を欠いた自分勝手な行動や身のまわりの公共物や公共の場所の使い方や過ごし方についてどうするのがよいのかを考え，判断力や態度を評価したい。

授 業＆評価のアイデア

❶授業のアイデア
　公徳心の基盤にあるのは，不特定多数の他者への思いやりである。遊びに夢中になるあまりそこに思いの至らなかった二人が何に気付いてはっとしたのか，二人の思いについて考えさせるために役割演技を取り入れたい。ベンチの上から紙飛行機を飛ばす場面の動作化とベンチに座った女の子のスカートが汚れてしまった場面の二人の会話から「きまりだから守る」ではなく「みんなが気持ちよく安心して過ごすため」ということを実感としてとらえさせる。

❷評価のアイデア
　役割演技は「はっ」として顔を見合わせてからの二人の会話部分を扱うので，この会話から児童の判断力や態度を窺うことができる。実際に役割演技を行うと，「どうしよう」という迷いから「あやまろう」という行為が引き出せ，その後，「ベンチをもとのようにきれいにしよう」という行動へと進んでいく。また，「わたしたちの道徳　小学校一・二年」122，123ページを活用し，自分の経験をもとに，みんなが使うものをどのように使えばよいかを書くことで判断力を図ることもできる。ここでは，身のまわりの公共物や公共の場所を進んで大切にし，工夫して使うことができるように意識付けることが必要である。

指導案

（1）主題名　みんなが使うもの　C－(10)規則の尊重
（2）教材名　黄色いベンチ（出典：「わたしたちの道徳　小学校一・二年」文部科学省）
（3）ねらい　約束やきまりを守り，みんなが使うものを大切にする態度を育てる
（4）展開の大要

	学習活動	ねらいにせまる手立て	児童の反応
導入	1　みんなで使うものを発表する	・「わたしたちの道徳」122ページの絵を手がかりに，考えさせる。	・ボール。・ジャングルジム。 ・すべり台。・机やいす。 ・学校の本やトイレ。
展開	2　教材「黄色いベンチ」を読む ○雨が上がったあとの公園の様子を考える。 ○飛行機を飛ばしているときの二人の気持ちを考える。 ○二人はどんなことを考えて顔を見合わせたのか。また，このあと二人はどうしたか。	・「黄色いベンチ」を教師が範読する。 ・雨上がりの公園の様子を想起させ，泥だらけのイメージを押さえるために写真を用意する。 ・紙飛行機飛ばしの動作化をして，楽しい気持ちや遠くに飛ばしたいという気持ちを引き出す。 ・二人の気持ちに共感させる。 ・役割演技を取り入れ，よく考えないでしたことが他の人の迷惑になったことを知り考える。 ・あやまったり，きれいにしたりする気持ちを認め，態度や意欲につなげる。	・地面がどろどろしている。 ・水たまりがある。 ・びちゃびちゃしている。 ・おもしろい。 ・楽しくて，やめられない。 ・もっと遠くへ飛ばしたい。 ・もう1回やろう。 ・ぼくたちが汚したからだ。 ・遊んだあと，泥をふいておけばよかった。 ・ぼくたちのせいだ。あやまろう。ごめんなさい。 ・きれいに拭いたほうがいい。
終末	3　公共の場所や使い方を考える 4　教師の話でまとめをする	・「わたしたちの道徳」123ページのワークシートを使用する。 ・体験活動等での子どもたちの「よさ」をほめ，規範意識を高める。	・みんなでなかよく使う。 ・約束を守って使う。 ・あとの人のことを考える。

（5）評価　身のまわりの公共物や公共の場所の使い方や過ごし方について考えられたか

授業の実際

❶導入

　みんなが使うものを意識付けるために,「わたしたちの道徳」122ページの「自分がつかうけれども, 自分のものではありません。みんながつかうけれども, だれかのものではありません」という文の意味を考えながら, イラストを手がかりにみんなで使う物を思い描くようにする。公共物のみならず公共の場所や施設を思い描く児童がいれば, その場所や施設も取り入れるようにしたい。学校の中の物を思い描く児童が多いが, 学校以外の物にも触れておくと教材につなげやすくなり, ねらいへの方向付けになる。

　導入で, 新聞の折り込みチラシや広告などで紙飛行機を作って飛ばすことも考えられるが, 短時間で終わるような時間配分の工夫が必要である。そのときは, 展開での動作化は必要ない。

❷展開

　「黄色いベンチ」を読んだ後, 雨上がりの公園の様子を知らせるために, 近くの公園の雨上がりの様子（水たまりや足跡などが残る様子）の写真を用意した。

　チラシで紙飛行機を作り, 一斉に前に向かって紙飛行機を3〜5回飛ばした。紙飛行機は, 前時までに上級生と一緒に作って遊ぶ活動をしていたので, すぐに作ることができた。自分の紙飛行機にこだわるので, 名前を書いてから飛ばすようにした。すぐにまわりの児童と飛距離の競争を始め, 椅子に乗って飛ばすと視界が広がり飛距離も長くなることを実感した児童もいた。楽しい気持ちに共感させるには, この動作化は有効である。

　役割演技は, 二人が「はっとして, 顔を見合わせる」場面を取り上げ, そのときの二人の言動を考えさせる。顔を見合わせるきっかけとなったおばあさんの言動は教師が行うと, 二人のやりとりにつなげやすくなる。二人の言動はそのまま児童自身の気持ちや考えなので, この場合の役割交替は行わなくてよい。隣同士で行う様子を机間指導しながら, 教師は評価ができる。

　次に役割演技を全体で共有するために, 意図的に選んだペアの演技から, 児童の気持ちや態度に焦点をあて道徳的価値を引き出し, 意欲につなげていく。本時では, 5組ほどのペアを抽出し, 児童の道徳的価値に関わる言動を共有していった。

板書

「自分たちのせいで、スカートを泥だらけにしてしまった。悪いことをしちゃった」「公園のベンチは自分たちだけが使うものではない。あとから使う人のことを考えなかった」「女の子にもおばあさんにも迷惑をかけてしまった」「自分勝手な行動だった」などの会話から、自然に「あやまろう」という行為がうまれてくる。そして、「次からは気をつけよう」「よごれたベンチを拭いておこう」というきまりや約束、ルールを意識した言動につながっていった。

本時の役割演技では、主人公の言動はそのまま児童自身の言動と考えられるので、そこから道徳的価値の評価ができる。

❸終末

本時のねらいは、「みんなが使うものを大切にし、約束やきまりを守ろうとする心情を育てる」である。ここでは、資料から離れてみんなが使うものをどのように使えばよいかをワークシートに書かせ、ねらいに迫る児童の言葉や道徳的価値について評価していきたい。

「なかよく、大切に」「約束を守って」「汚さない。壊さない」という言葉は、児童からすぐに出てくる。その上で「あとの人が気持ちよく使えるように」「あとから使う人の気持ちを考えて」など人を意識した言葉を引き出したい。

また、教師の話でまとめをするときは、児童がきまりを守っていた立派な姿や約束を守ったからみんなが気持ちよく過ごせたことなど、よい行いを話すようにする。ほめられたり、認められたりすることにより、児童の実践意欲はより高められる。

(三ツ木純子)

4 低学年の授業＆評価ガイド

「主として生命や自然，崇高なものとの関わりに関すること」
「ハムスターの赤ちゃん」の授業＆評価ガイド

低 学年Dの視点の評価

　Dの視点は，自己を生命や自然，美しいもの，気高いもの，崇高なものとの関わりにおいてとらえ，人間としての自覚を深めることに関するものである。低学年においては，生命の尊さを知的に理解するというより，日々の生活経験の中で生きていることのすばらしさを感じとることが中心になる。日々の生活であまりにも当たり前のことで見過ごしがちな「生きている証」を具体的に示すことで感じとらせたい。

授 業＆評価のアイデア

❶授業のアイデア
　ハムスターの赤ちゃんの誕生と成長に対する感動や喜びを通して，自分を含めた生命の大切さについて考えるために，役割演技はあえて主人公ではなく，ハムスターのお母さんと赤ちゃんの気持ちに気付かせる設定で行う。終末では，わが子が大切な存在であることを伝える家族からのメッセージを各児童宛に配る。一緒に生活している家族からの手紙によって，自分がかけがえのない存在であることを知らされることは，児童にとって，大きな喜びであり，生命の大切さを自覚できる瞬間である。

❷評価のアイデア
　役割演技では，ハムスターのお母さんの愛情と赤ちゃんの生命力に気付くようにする。演技を通して，自分の家族も自分に対して同じように愛情をもって育んでいることを実感としてとらえることができる。そして，自分の生命そのもののかけがえのなさに気付けるようにしたい。ここでは，成長する自身の生命力に気付き，元気に遊んだり，楽しく学習できたりすることなど具体例を発表することで，生命の大切さを自覚できるようにする。
　「わたしたちの道徳　小学校一・二年」92，93ページを見ながら，当たり前の生活が「生きていること」で，それは，すばらしいことなのだと感じとらせることが大切である。

指導案

(1) 主題名　大切ないのち　D-(17)生命の尊さ
(2) 教材名　ハムスターの赤ちゃん（出典：「わたしたちの道徳　小学校一・二年」文部科学省）
(3) ねらい　生きていることに喜びを見いだし，生命を大切にしようとする態度を育てる
(4) 展開の大要

	学習活動	ねらいにせまる手立て	児童の反応
導入	1　ハムスターの赤ちゃんの動画を見る	・動画に加えて，実際の大きさがわかるように，紙粘土で2cmの赤ちゃんを作り見せる。	・小さい。・つぶしちゃいそう。 ・目が大きい。 ・毛がはえてない。
展開	2　教材「ハムスターの赤ちゃん」を読む ○お母さんは赤ちゃんを見て，どう思っているか。 ○新しい巣に運ばれている赤ちゃんの気持ちを考える。 ○生まれて10日たった赤ちゃんに話しかける。 ○小さな赤ちゃんの体にどんな力がつまっているか。 3　みんなの体に詰まっている力を考える	・「ハムスターの赤ちゃん」を教師が範読する。 ・場面絵3枚を掲示しながらお母さんの気持ちを考えていくようにする。 ・母ハムスターと子ハムスターになり，役割演技をする。 ・大切に守られている生命に気付かせる。 ・1～3の場面絵を見て振り返ることで成長の変化，生命のつながりを考える。 ・ハムスターの赤ちゃん同様に，成長する自分自身の体の中の力を自覚させる。	・かわいい。守ってあげるね。 ・生まれてくれてありがとう。 ・元気に育ってね。 ・新しい巣は気持ちいい。 ・お母さんは，やさしいね。 ・おっぱい，どこかな。 ・みんな大きくなったね。 ・毛がはえてきたね。 ・どんどん大きくなるんだよ。 ・大きくなる力。 ・食べる力。 ・動いたり遊んだりする力。 ・大きくなる力。 ・元気に遊んだり勉強したりする力。お手伝いもできる。
終末	4　家の人からの手紙を読む	・家族の思いが込められている手紙を手渡す。	

(5) 評価　自分の中にも生きる力があり，そのことに喜びを感じ，これからも元気に生活しようと感じているか

授業の実際

❶導入

　導入で，ハムスターの赤ちゃんの動画を見せ，教材への興味につなげる。生まれたばかりの赤ちゃんの体長は2㎝，体重は5gほどという大きさを実感させるために，紙粘土で2㎝の実物大赤ちゃんを用意した。毛もはえていない赤ちゃんが，元気におっぱいを飲んでいる様子を見てから，教材へとつなげていった。ここでは，小さなハムスターの赤ちゃんが精一杯生きていることがわかり，感想をもつことができればよい。

❷展開

　「ハムスターの赤ちゃん」を読み，場面絵3枚を提示しながら，ハムスターの成長の様子をハムスターのお母さんの立場で気持ちを押さえていく。ハムスターの赤ちゃんの成長を喜ぶ発言やつぶやきを取り上げながら全体で共有していく。

　次に，お母さんハムスター（1名）と赤ちゃんハムスター（5名）になり，生まれたばかりの場面，新しい巣に運んでいる場面，10日たって毛がはえた場面の役割演技を行った。場面ごとに切るのではなく，一つの流れとして行いたい。このとき，お面や被り物があると役になりきり，楽しく演技ができる。実際には，口にくわえて運ぶことはできないが，児童は工夫しながら，前にかかえたり一緒に歩いたりして5匹のハムスターをこちらの巣からあちらの巣へと移動させた。お母さん役の児童に語りかけたり，赤ちゃん役の児童に聞いたりすると，そのときどきの気持ちを引きだすことができる。「赤ちゃんは，重くてたいへんです」「では，途中で置いて休んだらどうですか」「だめです。大切な赤ちゃんは置いたりできません。重いけれど，がんばります」などお母さんが赤ちゃんを大切に思っている気持ちが表れている。また，赤ちゃん役からも，「お母さんが運んでくれるから安心」「やさしく運んでくれたからうれしかった」と母親の愛情を感じるような言葉が出てきた。

　役割演技の後，赤ちゃんの中の「生きる力」を全体で考え，自分の中の「生きる力」にも気付くことが大切である。ここをていねいに扱うことで，本時のねらいの道徳的価値に迫ることができる。どの児童も，自分のありのままの姿を肯定的にとらえ「がんばる力」につないでいた。

板書

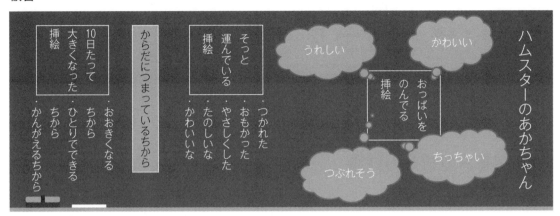

　中心発問から自分の生活への振り返りへと児童の思考はうまくつながっていく。「大きくなる力」から遊びや勉強，習い事，友達となかよくしていること，お手伝いをしていることなど，「がんばる力」へと広がっていった。「わたしたちの道徳」92，93ページを見ながら，当たり前の生活が「生きていること」なのだと確認すると，児童が考えやすくなる。

　児童の前向きな言葉や姿から評価ができるが，ワークシートに書きとめておく作業を入れてもよい。

❸終末

　本時では，家族からのメッセージをもらい読んだあとに感想をいい，まとめとした。

　事前に，「道徳学習へのご協力のお願い」をしておき，わが子が大切な存在であることを伝えてもらうメッセージを頼んでおいた。全員分集まったので，各児童に配ることができたが，もし，揃わなかった場合は，教師が書くなどの手立てが必要になる。手紙をもらった全児童は，うれしそうな表情で「先生，見て」と読み聞かせる児童もいた。

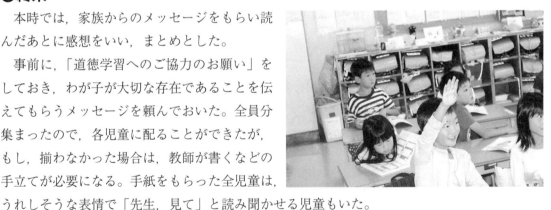

　本時は，保護者を巻き込んで授業を実施すると効果的である。授業公開日を活用する方法もある。その場合は，参観に来ている保護者にお願いし，わが子がかけがえのない存在であるということを伝えてもらうとよい。生命の大切さを自覚することは，当たり前のことだからこそ難しいが，保護者からの言葉は児童にとって大きな喜びであり，力でもあり，明日を生きる勇気にもなる。

（三ツ木純子）

中学年の授業＆評価ガイド

1 「主として自分自身に関すること」「まどガラスと魚」の授業＆評価ガイド

中 学年Aの視点の評価

　中学年Aは，自分自身に関することなので，道徳的価値から見た自分の傾向性を見つめることや自己成長の実感を大切にしたい。実態調査表（たとえば正直にできているとき，できないときの事象とそのときの気持ちを類型化したもの）を導入段階で提示して，自分の傾向性を見つめさせたり，終末後段で自分の内面にも主人公のような心があることを実感させ，自己発見に活用したりする。特に中学年Aでは，自己評価を大切にしたい。

授 業＆評価のアイデア

❶授業のアイデア

　心の葛藤を見える化する「心のシーソー」（板書），迷う心を「でも」でつなぐ「でもでもふきだし」（学習プリント）などを工夫する。①正直でありたいと願う心と②阻害要因（黙っていてもわからない，自分は悪くない等）の二者の心のつなひきを見える化し，その葛藤を乗り越えるにはどうすればいいか知りたいという問題意識を大切にしたい。

心の葛藤を見える化する心のシーソー

❷評価のアイデア

・自己評価：学習プリントに子どもに自己評価を記述させる

①学習内容（正直）についてわかりましたか（道徳的価値のとらえ）。自分の体験と結んで具体的に書きましょう。
②自分の考えを友達に伝えることができましたか（発言等）。
③友達の意見でいいなあと思う意見がありましたか（他者理解）。それは，どんな意見ですか。いいなあと思ったわけは？
④これからどんな心を大切にしたいですか（自己課題）。

・教師評価：学習プリントの感想欄を分類する（分類例）

A 内容（道徳的価値）をとらえることができたか（自分のエピソードと結んで記述はA'）。
B 物語について（主人公にかかわること等）の記述（主人公はすごい等）。
C 役割演技などの活動の様子の記述や楽しかった等授業全体の感想。

指導案

(1) 主題名　正直な心で　A-(2)正直, 誠実
(2) 教材名　まどガラスと魚
(3) ねらい
　①「まどガラスと魚」を通して,「叱られたくない」「黙っていればわからない」「悪く思われたくない」などという自己中心的な心を乗り越えて, うそをつかず, 自分の心に正直に明るく生活しようとすることができる
　②道徳的問題場面におけるふきだしに書く活動や, 葛藤を乗り越え正直にいうよさを実感させる役割演技を通して, 正直であることのよさを実感させるとともに, そのよさを自分の中に発見できるようにする
(4) 展開の大要

活動と内容	教師の支援
1　実態調査表をもとに, 自分の日常生活の中の正直について考え, 話し合う ○正直・誠実についての気がかりをもつこと。 　――めあて―― 　失敗したとき, 大切な心について考えよう。	○実態調査表(正直にできているとき・できないとき)を比較提示し, 行動における現象面から心情を考えさせ, 正直・誠実について気がかりをもたせる。
2　「まどガラスと魚」を読み, 正直・誠実の大切さについて話し合う (1)〔ガラスを割ったのはだれだ?〕という貼り紙を見て,「ぼくです」と叫びながら, あわてて駆け出した千一郎の気持ちについて話し合う。 ○叱られたくない主人公の心の弱さに共感すること。 　黙っている　⇔　いう 　・黙っていてもわからない。　・すっきりしたい。 　・ぼくは悪くない。　・家の人も困っている。 　・叱られたくない。　・正直でありたい。 　　　　　　　　　　　・うそはいけない。 　　　　でもでもふきだし	○そのまま逃げ出す千一郎の気持ちを「でもでもふきだし」に表現させ, 正直に言いたい・言えないの相反する心情が混在し, 葛藤する心の揺れをとらえさせる。
(2) 近所のお姉さんがお詫びに来た次の朝, 正直にいおうと決心した千一郎の気持ちについて話し合う。 ○道徳的価値のよさに気付くこと。 ・お姉さんのようになりたい。 ・正直でありたい。 ・自分の心をすっきりさせたい。	○正直にいおうとしたときに生じる阻害要因(叱られたくない・ぼくのせいではない等)を乗り越え, 道徳的価値のよさをとらえさせるために, 千一郎がお母さんに正直に話す場面から役割演技を通して話し合わせる。
(3) 正直に謝り, 許してもらえた千一郎の気持ちについて話し合う。 ○正直であることの爽快感に気付くこと。 ・正直にいうと気持ちがいいな。 ・これからも正直に言おう。	○正直であることの爽快感に気付かせるため, おじいさんに謝り, 許してもらう千一郎, 母親, おじいさんの役割演技を通して話し合わせる。
3　正直について自分の考えをまとめる (1) 級友や自分の行動で, 正直にできたことを紹介する。 ○自分や友達に正直・誠実の心を見つけること。 ・自分の心を真っ直ぐ出す。	○実践できたことを紹介して自己評価させ, 自分の心の中に正直な心を発見することができるようにする。
(2) 教師の説話をもとに正直な心について話し合う。 ○教師の説話をもとに感得した価値の実現を目指していこうとする実践意欲を高めていること。	○実践意欲を高めるために, 児童の様子を紹介する。

(5) 評価　児童の自己評価(学習プリントを活用)
①学習内容(正直)についてわかりましたか(道徳的価値のとらえ)。自分の体験と結んで具体的に書きましょう
②自分の考えを友達に伝えることができましたか(発言等)
③友達の意見でいいなあと思う意見がありましたか(他者理解)それは, どんな意見ですか。いいなあと思ったわけは?
④これからどんな心を大切にしたいですか(自己課題)

授業の実際

❶導入

　導入では,「どうしてだろう？　知りたい」という問題意識をもたせたい。そこで,「わたしたちの道徳　小学校一・二年」(44ページ)にある2枚絵(①本を破って正直にいえる場面と②黙っている場面)を比較させた。そして, 実態調査表を提示し, 正直・誠実に対する自分の傾向性を見つめさせた。さらに, 正直でありたいけれど, できる場合とできない場合がある自分の二面性に着目させ,「どちらの自分になりたいか」と問い, なりたい自己像を明らかにさせた。

> 【評価の視点】自己の傾向性のとらえ（様相観察）
> ・正直に行動できたとき・そのときの気持ち
> ・正直に行動できないとき・そのときの気持ちをまとめた実態調査をもとに道徳的価値（誠実・正直）に対する, 自分の傾向性を見つめているか。

❷展開

　展開前段では,「まどガラスと魚」を共感的に活用した。「ガラスをわったのは, だれだ」の貼り紙を見て,「ぼくです」とつぶやいてあわてて駆け出す千一郎の気持ちを「心のシーソー」で表現させた後,「でもでもふきだし」で記述させた。「でもでもふきだし」は,「でも」という言葉を使い, 正直にいいたい気持ちと黙っていよう

心の葛藤を表出させる心のシーソー

とする気持ちで葛藤する心情を表出させるふきだしである。子どもは,「叱られるのは嫌だから黙っておこうかな？　でも, このままもやもやする気持ちが続くのは嫌だから正直にいおうかな」というように, 相反する心を記述していた。

> 【評価の視点】主人公の心の迷いへの共感
> ・「心のシーソー」で迷う気持ちを表現することができたか（様相観察）
> ・「でもでもふきだし」に相反する心情を記述することができたか（記述分析）

　そして,「千一郎くんが正直にいうきっかけとなったお姉さんを見て, どんなことに気付いたか」と発問した。子どもは, 千一郎の正直にいえない姿と飼い猫のことなのに一軒一軒聞いて回るお姉さんの誠実な態度を対比し,「お姉さんの正直（誠実）な態度を見て, 自分もそうなりたいと思った」「正直にいいたい」と答えた。

板書

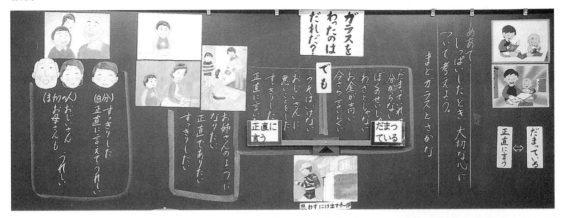

　正直である爽快感を感得させるために，お姉さんの来た次の日の朝，母親に事情を話し，おじいさんに謝りに行く場面の千一郎を役割演技させた。おじいさん役を本校の校長にしてもらい，母親役が教師，千一郎が児童である。役割演技は朝起きたときの「よし！」という言葉からスタートさせた。「よし！正直にいうぞ！」とふとんから跳ね起きたA児に，インタビューする。「今まで黙っていたのに，どうして今から話すの？」A児は，「昨日のお姉さんみたいに，正直になりたい。すっき

心の葛藤を乗り越える役割演技
（校長先生とともに）

りしたい」と発言し，思い切って母親に話す。そして，おじいさんのもとに行き，「ぼくがガラスを割りました。ごめんなさい」と頭を下げた。おじいさんは，「いやいや，いいですよ。正直な子が来るのをずっと待っていたのですよ」といい，ボールを返してくれた。会場からは，拍手が起こり，「正直にいえてうれしい。すっきりした。自分もみんなも」と発言した。正直であることの爽快感を感得することができた。

❸終末

　学びをまとめるのが終末段階である。まず主人公のような正直な心を自分の中に探す活動を仕組んだ。導入で活用した実態調査表を再度示し，正直にいった経験とそのときの気持ちに着目させた。次に「今日はどんなことがわかったのか」問うと，「千一郎のように自分の中にも正直な気持ちがあるし，これから真っ直ぐその気持ちを出していきたい」と記述をもとに発言した。児童の感想は，教師の方で項目ごとに評価し，児童も自己評価をした（※前述の評価のアイデア参照）。道徳においても，他教科と同様，何を学んだかを明らかにさせるのが必要になる。

（木下美紀）

中学年の授業＆評価ガイド

2 「主として人との関わりに関すること」「心と心のあく手」の授業＆評価ガイド

中 学年Bの視点の評価

　中学年Bは，人との関わりに関することなので，自分だけでなく，他者との調整の視点を大切にしたい。「われもよし人もよし」の視点である。

　道徳的問題場面（「声をかけるか」「声をかけないか」等）の立場を決め，気持ちの強さをスケールで表現し，決定した立場から理由を交流する対話活動を通して，交流前と後でどのような変容が見られたか見える化し，教師も児童も評価できる仕組みをもたせたい。

授 業＆評価のアイデア

❶授業のアイデア

【自己の考えを見える化する教具の工夫】

　「心のものさし」は，道徳的問題場面において立場を決定する場合に活用する。AかBだけではなく，Aの中の気持ちの強さ（1～4）でも交流が生まれる。この教具を使いながら，多様な価値観を表出させる対話活動へとつなぐ。

心のものさし

❷評価のアイデア

【ねらいとする評価指標の作成】右図

　評価指標を作成し，目標を焦点化する。

【交流による児童の変容】（自己評価・教師評価）

　交流前と交流後どのような変容が見られたか，心のものさしをもとに，分析する。これは，教師の授業評価とともに，児童の自己評価にもいかされる。

学びの内容／成長要素	道徳的理解・思考・判断	道徳的心情の覚醒	道徳的実践意思力・スキル
本質的な学びの内容	本当の親切は，相手の望む最善のことをすることだと気付いている。	喜ぶおばあさんの顔を思い出し，本当の親切について考えるはやとの気持ちに共感できる。	相手の望む最善の親切をしようという意欲をもっている。
	様相観察・ノート記述	様相観察・ノート記述	様相観察・ノート記述
価値ある学びの内容	自分の働きかけでうれしく感じる人がいることに気付く	見守ることができたときのはやとの気持ちを感じることができる。	相手がうれしい親切をしようということの大切さに気付き，実践しようとしている。
	様相観察・ノート記述	様相観察・ノート記述	様相観察・ノート記述
知って意味ある内容	相手に受け入れられる親切について考えることができる。	親切をすると自分も他者も気持ちがよくなることを感じている。	自分も相手も気持ちよく生活できるように自分も努めようとすることができる。
	様相観察・ノート記述	様相観察・ノート記述	様相観察・ノート記述

指導案

(1) 主題名　本当の親切を見つけよう！　B-(6)親切，思いやり
(2) 教材名　心と心のあく手（出典：「わたしたちの道徳　三・四年」文部科学省）
(3) ねらい
　①「心と心のあく手」を通して，困っている相手の状況を吟味して的確にとらえ，自分のとりうる行為を考えて判断することができるようにする
　②道徳的問題場面における自己の決定した行為と根拠を書く活動やそれをもとにした対話活動を通して，「断られたから」「知らない人だから」（親疎）などという自己中心的な心を乗り越え，放っておけない心が自分の中にもあることに気付くことができるようにする
(4) 展開の大要

学習活動と内容	教師の支援
1　2枚の絵をもとに，自分の日常生活の中の親切について考え，本当の親切について話し合う ○思いやり，親切についての気がかりをもつこと。 　めあて 　本当の親切について，友達と対話して考えよう。	○2枚絵（親切にして断られる絵・受け入れられる絵）のペアを提示し，思いやり，親切に関する気がかりをもたせる。
2　「心と心のあく手」を読み，思いやり・親切の大切さについて話し合う （1）おばあさんに声をかけるか，声をかけないか自己選択しその理由について話し合う。 ○親切についての自分の傾向性を明確にし判断すること 声をかけない　⇔　声をかける ・お手伝いは必要ない（リハビリ中） ・断られると悲しい。 ・用事がある。 ・放っておけない。 ・苦しさを除いてあげたい。 ・私だったら声をかけてほしい。 ・かわいそう。 小集団（ペア）による対話活動 声をかけない　⇔　声をかける ・手助けは必要ない（リハビリ中）。 ・そのまま見守るのが一番親切（思いやり）。 ・放っておけない。 ・助けるのは，私しかいない（思いやり）。 大集団による対話活動 本当に相手のためになるのはどちらだろう？主人公はどうしたのだろう。知りたい！ （2）教材の後半を読み，主人公の行為や考えから本当の親切をするために大切な心について話し合う ○放っておけない心から見守る大切さに気付くこと 　・おばあさんが気になって仕方がなく，放っておけないから見守り続けた。 　・見守ることがこのぼくの本当の親切だと考えた。	○道徳的な問題場面において自己の考えを判断させ，多様な価値観を表出させるために，炎天下でおばあさんに再度出会った主人公のとった行為について想像し，「声をかける」か「声をかけない」か自己選択させ，その根拠について記述させる。それをもとにペアで対話させる。 ○さらに，対話活動で付加・修正された考えについて明らかにさせるために，全体で交流させる。 ○道徳的価値をとらえさせるために，おばあさんを心の中で応援し続ける場面のはやとの気持ちを考えさせ，全体交流させる。
3　本当の親切について自分の考えをまとめる （1）級友や自分の行動で，親切にできたことを紹介する。 ○自分や友達に思いやりの心を見つけること 　・本当の親切は，相手の望むことを考えた親切 （2）教師の説話をもとに思いやりの心について話し合う。 ○教師の説話をもとに感得した価値の実現を目指していこうとする実践意欲を高めていること	○実践できたことを紹介して自己評価させ，自分の心の中に思いやりの心を発見することができるようにする。 ○実践意欲を高めるために，児童の様子を紹介する。

(5) 評価　児童自己評価
①学習内容（<u>本当の親切</u>）についてわかりましたか（道徳的価値のとらえ）。自分の体験と結んで具体的に書きましょう。
②自分の考えを友達に伝えることができましたか（発言等）
③友達の意見でいいなあと思う意見がありましたか（他者理解）それは，どんな意見ですか。いいなあと思ったわけは？
④これからどんな心を大切にしたいですか（自己課題）

授業の実際

❶導入

○問題意識が生じる導入：しかけ1　2枚絵による比較活動

　導入段階で大切なのは、「知りたい。明らかにしたい」という問題意識である。まず、右図のような親切に関する2枚絵をもとに、「同じ親切な行動なのに、何が違うか」を問い、本当の親切について知りたいという気がかりをもたせた。

喜ばれる親切　　相手が少し困る親切

【評価の視点】自己の傾向性のとらえ（様相観察）
・2枚絵（親切にして喜ばれる絵と喜ばれない絵）をもとに自分の親切の傾向を考え、親切についてもっと知りたいと考えているか。

❷展開

○多様な価値観を表出させる対話活動：しかけ2「声をかける」VS「声をかけない」
○声をかけようか迷う場面（「自分だったら？」と意見を表出）

　展開前段では、教材を批判的に活用した。おばあさんに2回目に出会って「声をかける」か「声をかけない」か立場を決定させた。大切なのはその理由である。A児は、「黙っていた方がいい。おばあさんは、リハビリ中だから、声をかけたらおせっかいかもしれない」と発言した。しかし、B児の「このまま、放っておけますか？　おばあさんは、この前よりも足取りが重いようで、倒れたらいけない。私は、声をかけたい」という意見に、「そのまま放っておいたら、転ばないか、交通事故にあっていないかと心配になってしまう。前にそんな経験がある」と自己の体験を想起して対話を深めていった。そして、対話は、「相手のために」という視点に移り、本当に相手のためになるのかという「本当の親切」という論題になっていった。

【評価の視点】自己の立場の根拠の交流
・「声をかける」「声をかけない」で自己の考えを心のものさしで表しているか（様相観察）
・「声をかける」「声をかけない」で学習プリントに根拠を記述しているか（記述分析）
・根拠をもとに対話しているか（様相観察）
・対話活動後、自分の心の変化を記述しているか（記述分析）※次頁参照

板書

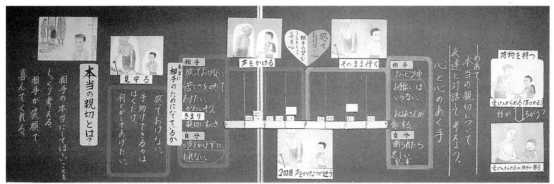

○目からうろこの主人公の行為（その裏にある心情を掘り下げる！）

その後，「声をかける」「声をかけない」でこんなに迷うのに，主人公はどうしたのだろうかという疑問が出てきた。これが後半の教材提示の必然性である。主人公は，

交流前後の児童の変容（一部抜粋）

	声をかける				だまっている			
	4	3	2	1	1	2	3	4
1				←	●			
2				←				●
3			●→					
4					●			
5	←		●					
6	←					●		
7				←		●		

「見守る」という行為をとった。それは，相手を放っておけないという思いやりの気持ちからだ。子どもの考えを超える新たな視点を主人公が与えてくれる。その行為を支える心情を考えるのが大切である。

❸終末

本時の学びをまとめるのが終末段階である。まず主人公のような親切な心を自分の中に探す活動を仕組んだ。「よく相手のことを考える」をキーワードに，親切をした経験とそのときの気持ちに着目させた。次に「今日はどんなことがわかったのか」問うと，A児は「本当の親切とは，相手の人が気になって仕方がないという気持ちで，相手がしてほしいと思うことを考えること，そして，自分の心がうれしくなること。そんな親切をしたい」と発言し，自分の価値観（親切）を見直すことができた。

そして，児童に学習プリントの右下の欄に①学び（内容）と②交流（方法）を◎○△で自己評価させた。道徳においても，他教科と同様，何を学んだかを明らかにさせるのが必要になる。

（木下美紀）

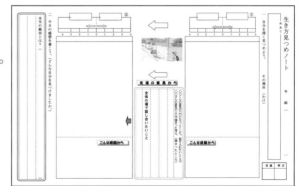

簡単な自己評価欄（学習プリント）

3 中学年の授業＆評価ガイド

「主として集団や社会との関わりに関すること」
「雨のバス停留所で」の授業＆評価ガイド

中 学年Cの視点の評価

　Cの内容項目は集団との関わりに関することであるため，自己評価に加えて学級の友達，異学年の友達，家族，地域の方々等，児童の身のまわりの人から児童の道徳性にかかる成長の様子を伝えてもらい他者評価していくことも有効である。自己評価においては，道徳の授業の導入時点で現在の自分の姿を振り返り，よりよい生き方を獲得するための自分の課題を把握しておくことが大切である。

授 業＆評価のアイデア

❶授業のアイデア
　導入で日々の生活から自己の生き方について課題意識をもち，問題解決的な学習へと向かうことができるようにする。そのため，授業では全員で話し合って「自己の生き方をよりよくしていくために必要な生き方のヒント（道徳的価値）を見つけよう」という「学習のめあて」をもつようにする。「学習のめあて」を設定することで，中心場面を児童が選んだり，全員が共通の課題意識をもって話合いを進めていったりすることができるようになる。

❷評価のアイデア
　教科学習と同じように道徳科用のノートを用意し，自分の学びを記録していくようにする。授業の導入での自己の生き方の振り返りと課題意識，中心場面での自分の考えやいいなと思った友達の考え，本時の学習で見つけた「生き方のヒント（道徳的価値）」，そして今後の展望。以上のことを必ず書くようにしておくと，授業の始まりと終わりの自分の意識を比べ，どのように高まったかを自己評価することができる。また，本時の学習の中で納得したりいいなと思ったりした友達の考えもノートにメモしておいて授業の終末に発表する他者評価を取り入れることで，児童が自己肯定感を高めたり，みんなで話し合ってよりよい生き方を見つけていこうとする道徳科の学び方を身に付けたりすることにつながる。

指導案

(1) 主題名　社会のきまりを守って　C－(12)公徳心
(2) 教材名　雨のバス停留所で（出典：「わたしたちの道徳　三・四年」文部科学省）
(3) ねらい　社会のきまりはみんなが気持ちよく暮らすために必要であることに気付き，進んできまりを守っていこうとする意欲を育てる
(4) 展開の大要

	学習活動	ねらいにせまる手立て	児童の反応
導入	1　社会のきまりを守ることができているか振り返る	・自分のきまりの守り具合について3段階評価で答え，判断の根拠をノートに書くようにする。 ・学習のめあてを問う。	・2。急いでいるときは守りにくい。 ・3。いつも気をつけて守っているから。 いつでもきまりを守るための生き方のヒントを見つけよう
展開	2　「雨のバス停留所で」を読み，社会のきまりを守る生き方について話し合う	・「よし子」の気持ちについて全体で話し合いたい場面を問う。 ・母の横顔を見ながら「よし子」が考えたことを各自でノートに書く時間をとる。 ・母の行動に対する反発心をもったとき，「よし子」が先頭に並んだ場面を提示し，行動の理由を問う。 ・よし子が先頭に行った理由を先に待っていた人たちが納得できるかを問う。 ・見つけた「生き方のヒント」をノートに書くようにする。 ・見つけた「生き方のヒント」をもとに，これからの自己の生き方についてペアで語る場を設定する。	・お母さんの横顔を見ながら考えたときの気持ちを話し合いたい。 ・なぜ怒っているのかな。 ・私は悪くない。 ・順番を守ればよかったな。 ・みんなまだちゃんと並んでいなかったから。 ・おみやげが濡れると困るから。 ・前から待っている人は嫌な気持ちだと思う。 みんなが気持ちよく思うかどうかを考えて行動すると，きまりを守りやすくなる。 ・みんなが気持ちよく乗れるように電車の中では荷物を膝の上に置きます。
終末	3　授業の学びを振り返る	・今日の話合いを振り返りましょう。	・○○さんの考えを聞いてきまりは，たくさんの人のことを考えて守っていくことが大切だと考えが変わった。

(5) 評価
・みんなが気持ちよく過ごせるかという視点を大切にし，きまりを守ろうとしているか

授業の実際

❶導入

　児童が授業の始まりの時間をきちんと守っていることを称揚することをきっかけに，身のまわりにあるきまりを同様に守れているか，自分の「きまり守り度」を３段階で表してその理由もノートに書いてみようと促した。２名の児童が「３（守れている）」で１名が「１（守れていない）」，その他31名が「２（両方ある）」だった。理由を発表し合うと，「３」といっていた児童の一人が「そういえば，守りきれていないときもある」と考えを変えた。

　きまりを守ることがよいとはわかっているが，守りきれていないときもあることを全員で共通理解したところで，本時の学習のめあてを問うと，児童から「いつでもきまりを守るための生き方のヒント（とらえさせたい道徳的価値）を見つけよう」というめあてが出された。

❷展開

　教材提示のあと，みんなで話し合いたいのは「よし子」の考えたことの中で，どこの場面かを問うと，「お母さんの横顔を見ながら自分のしたことを考えたとき」という答えが複数出た。そこで，そのときの場面絵を黒板に貼り，まずは自分の考えをノートに書くようにした。その後，自分の考えを発表し合った。児童の発言の要点を板書し，全体の考えの傾向を見ることができるようにした。この時点では「お母さんはなぜ怒っているの」という疑問が少数，「悪いことはしていない」という反発が10人程度，「悪いことをしてしまった」という反省が20人程度だった。

　「よし子」に上の３種類の気持ちがあったことを確かめたあと，前の人より先に先頭に並んだ理由を問うことで，自分の都合を優先しきまりを守りにくくなってしまう人間の心を考えることができるようにした。「大切なおみやげが濡れると困るから」「まだ誰も前に並んでいなかったから」「バスが来たのを初めに見つけたのは自分だから」のような理由が出され，「たしかにおみやげが濡れたら嫌だもん。気持ち，わかるなあ」と友達が考えた「よし子」の考えに共感する児童もいた。

　誰でもそういう気持ちがあることを認めた上で，「そのよし子の理由は，先に来ていた人みんなが納得してくれるかな」と問うと，児童は考える視点をよし子からその場にいたほかの人々に移して，「それは自分のことしか考えていないと思う」「あとから来たのに自分だけ先に乗るなんておかしいと思う」とよし子の行動に対する不快感を表した。そのあとで，「き

板書

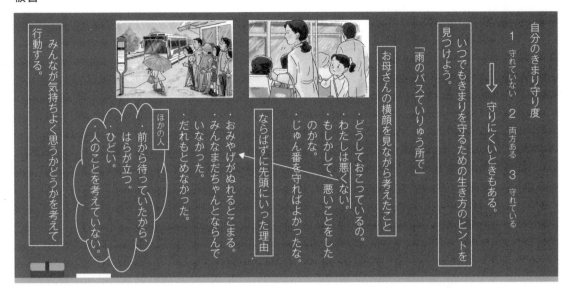

まりを守るためにはどんなことを考えていたらいいのかな」と問い，少人数のグループで話し合うようにした。すると，「自分だけじゃなく，その場にいるみんなの気持ちを考えると，自分の行動がいいか悪いかがわかる」「きまりはみんなが気持ちよく過ごすためのものだから，嫌な気持ちになる人がいるときまりを守っていることにはならない」とねらいへとつながる発言が出てきた。

　そこで，教材文について話し合って見つけた「生き方のヒント（とらえさせたい道徳的価値）」を各自でノートに書くようにした。「みんなが気持ちよく思うかどうかを考えてから行動する」という内容が多かった。

　見つけた「生き方のヒント」を今後の生活の中で実践したい場面を自分で決め，ペアで伝え合った。「電車に乗ったとき，これまでは荷物を座席に置いていたけど，それは他の人が迷惑だと思っているかもしれないから，これからは荷物をちゃんと膝の上に置きます」という友達に「それだとみんないい気持ちで乗れるね。がんばってね」とペアの児童が応援メッセージをいっていた。「生き方のヒント」とこれから目指す生き方の中に「みんなが気持ちよく思う」という視点が入っているかという点について学びの評価をした。

❸終末

　本時の学習を振り返り，話合いの場での自分の「生き方のヒント」を考える上で参考になった友達の考えを書くようにした。「○○さんの『嫌な気持ちになる人がいると，きまりを守っていることにはならない』という考えを聞いて，自分の考えが変わりました」と友達の考えのよさを認めている様子が見られた。自分の考えが選ばれた児童は，うれしそうな様子だった。話合いへの参加の意欲を高めたようだ。

(尾崎正美)

中学年の授業＆評価ガイド

4

「主として生命や自然，崇高なものとの関わりに関すること」
「ヒキガエルとロバ」の授業＆評価ガイド

中 学年Dの視点の評価

　Dの内容項目の生命尊重，自然愛護，崇高なものを尊ぶことなどの道徳的心情の大切さは児童も知識としてわかっているが，日常生活の中で意識することが少ないので，実感として理解できていないことが多い。そこで，評価の視点として正しいと判断した理由やとらえた道徳的価値を選んだ理由等，児童の考えの根拠に目を向け，児童がその価値により深く納得できているかを評価するようにしたい。

授 業＆評価のアイデア

❶授業のアイデア
　荷車が去っていく様子をいつまでもいつまでもながめていたアドルフたち3人が考えていることについて役割演技で表現するようにする。役割演技は，荷車が去ったあと，3人が語り合った場面を想定して行う。自分たちがヒキガエルに対して行った行為について反省する気持ちが出たあと，学級全体に「3人がロバを見て学んだことは何だったのでしょう」と発問することで，どんな小さな生き物の命も自分たち人間と同じように大切にしなければいけないことについて話合いが進むようにする。

❷評価のアイデア
　児童は，「命はかけがえのない大切なものである」ということは，知識としては知っている。しかし，日常生活の中でどんな生き物の命も同じように大切にできているかといえばそうではない。そこで，授業の導入で自分が命を大切にしていると思う生き物について振り返り，現在の自分の意識をワークシートに書かせるようにする。授業を通してとらえた「生き方のヒント（道徳的価値）」をワークシートに記入したときに，命を大切にしたいと思う生き物がペットなどの飼育動物以外の生き物にまで広がっているかについて評価する。また，よいと思った友達の考えも記録させ，話合いによって学びを深める道徳科の学び方の評価も行うこととする。

指導案

(1) 主題名　命あるものを大切に　D-(19)動植物愛護
(2) 教材名　ヒキガエルとロバ（出典：「わたしたちの道徳　三・四年」文部科学省）
(3) ねらい　人間だけでなくどんな小さな生き物の命も同じように大切であることに気付き，大切にしていこうとする心情を育てる
(4) 展開の大要

	学習活動	ねらいにせまる手立て	児童の反応
導入	1　どんな生き物の命を大切にしているかについて話し合う	・普段，どんな生き物の命を大切にしているかを問う。 ・学習のめあてを問う。	・家で飼っている犬。 ・学校のうさぎ。 生き物の命について考えて，生き方のヒントを見つけよう
展開	2　「ヒキガエルとロバ」を読み，命あるものを大切にする生き方について話し合う	・教材の中で，生き物の命を大切にしていた場面があったかを問う。 ・荷車が去っていくのをいつまでもながめていたアドルフたちが考えていることを役割演技で表現するようにする。 ・3人がヒキガエルにひどいことをしてしまった理由をペアで話し合うようにする。 ・見つけた生き方のヒントをノートに書くようにする。 ・見つけた生き方のヒントをもとにこれからの自分の生き方をペアで語るようにする。	・ロバがヒキガエルの命を大切にしていた。 ・自分たちは間違っていた。 ・ヒキガエルの命を大切にしていなかった。 ・ロバはすごい。 ・的当てみたいでおもしろかったから。 ・小さな生き物の命も大切だとわかっていなかったから。 どんな小さな生き物でも命の大切さは同じ。遊んだりせず大切にしなければいけない。 ・これまでアリやクモなどの虫の命は大事にしていなかったけど，これからは歩くときも気を付けてふまないようにしたい。
終末	3　授業の学びを振り返る	・今日の話合いを振り返りましょう。	・○○さんの「どんな小さな生き物の命も同じように大事」という考えになるほどと思った。

(5) 評価　どんな小さな生き物の命も同じように尊いという視点で，今後の自分の生き方を考えているか

授業の実際

❶導入

　児童の誰もが知識としては知っている「命は大切だ」ということを確認した上で，普段自分はどんな生き物の命を大切にしていると思うかを尋ねた。多くの児童が自宅のペットや学校で飼育しているうさぎの命を大切にしていると話した。そのような飼育されている動物の命を大切にしている行為のよさを認めた上で，普段の生活の中で生き物の命について考える機会はあまりないということを確認した。そこで，本時の学習のめあてを尋ねると，「生き物の命について考えて，生き方のヒントを見つけよう」という考えが出された。

❷展開

　教材を読み聞かせによって提示した後，教材の中で生き物の命を大切にしている場面があったかどうかを尋ねた。児童は「ロバがヒキガエルをよけたところ」と答えた。それに加えて「ロバに乗った人と，3人の子どもは命を大切にしていない」という発言も出た。

　児童の発言を受けて，「ヒキガエルの命を大切にしたロバの荷車が去っていくのをいつまでもいつまでもながめながら3人は，どんなことを考えていたのでしょう」と発問した。まず自分の考えをワークシートに書いた後，アドルフたち3人の子どもになって，役割演技をすることにした。演じた児童は，「あのロバは自分もしんどいのに，ヒキガエルの命を大切にして，よけていったんだね」「ぼくたちは，ヒキガエルにひどいことをしていた」「あんなひどいことをしていた自分がはずかしい」と自分たちの行為を後悔・反省する発言があった。その役割演技を受けて，「3人はどうしてひどいことをしてしまったのでしょう」と全体に発問し，隣の席の児童と話し合う場を設定した。あるペアは，「ヒキガエルが的当てみたいで，おもしろかった」「おもちゃみたいに思っていた。ヒキガエルの命も人間と同じように大切な命だということをわかっていなかったのだと思うよ」と話し合っていた。ペアで話し合ったことをもとに全体で話し合うと，「小さい動物だって，人間と同じように命を一つしかもっていないということをわかっていなかったから」という考えでまとまった。

　人間の命もほかの動物の命も同じように大切であるという意識が，全体に広がってきた段階で，本時で見つけた「生き方のヒント（道徳的価値）」を各自，ワークシートに書くようにした。ほとんどの児童が「命は，どんな生き物も人間と同じように大切だと思って，遊んだりせず大切にしなければならない」という内容の記述をしていた。

板書

　「どんな小さな生き物でも、命の大切さは同じ」という見つけた「生き方のヒント（道徳的価値）」をこれからの自分の生き方にどのように生かしていきたいかを考えた。ワークシートへの子どもの記述は、次の通りだった（下線部は理由）。「<u>バッタやチョウなどの虫も、つかまえてかごに入れるのは命を大切にしていることにはならないと思うから</u>、１日で放してあげるようにしたい」「カ（蚊）やハエを見つけたらこれまですぐたたいていたけど、<u>カやハエにも命があるから</u>、これからは殺さず逃がすようにしたい」その中に「給食を残さず食べたい」といった児童がいた。どういうことか詳しく聞くと、「<u>給食に出てくる魚や肉は、もともと一つの命だから</u>、残したら命を大切にしていないことになるから」と話した。ほかの児童もその考えに納得していた。飼育している動物以外の生き物まで命の大切さを感じるようになったかどうかという点と、大切だと思う理由（下線部）に命の尊さへの気付きが含まれているかという点について学びの評価を行った。

❸終末

　本時の学習を振り返り、話合いの場で納得した友達の考えを尋ねた。「〇〇さんの『カやハエなども殺さずに逃がしてあげたい』という考えになるほどと思いました」「『給食を残さず食べたい』という考えはすごいなと思いました」という児童がいた。いいなと思った友達の考えを各自でワークシートにメモしておくようにし、学び合うことを意識できるようにした。

　「カとハエ」について「でもやっぱり、血を吸われたらいやだなあ」とつぶやいた児童もいた。その発言をきっかけに、人間にとって害を及ぼす生き物の命についてどう考えればよいのか、話合いが始まった。時間もなく結論は出なかったが、本時でとらえた道徳的価値を子どもが自分の生活に照らし合わせて考えたからこそ生まれた新たな疑問だと思った。

（尾崎正美）

高学年の授業＆評価ガイド

1 「主として自分自身に関すること」
「手品師」の授業＆評価ガイド

高 学年Aの視点の評価

「手品師」は内容項目A－（2）「誠実に，明るい心で生活すること」を担っている。授業のねらいは「自分の心に誠実に生きることの充実感やすばらしさに気付く」に設定した。ねらいから評価を考えると，「子どもたちが『誠実さ』をどのようにとらえることができるか」であると考える。①男の子のことを思い約束を大切にする②手品師の生き方としての誠実さ→約束を破る自分を許せない→手品師として人として，自分が大切だと思うことをごまかす自分が許せない等，ねらいに即して，子どもたちがとらえることができたことを評価してやりたい。

また，Aの視点であることから，子どもたちが反省のみに陥るのではなく，「よさ」や「すばらしさ」に気付くことができたことを評価し，実践意欲につなげることを大切にしたい。

授 業＆評価アイデア

❶授業のアイデア

「大劇場」か「男の子との約束か」で悩む手品師の両方の理由を考えさせ，道徳ノートに記入させる。その上で，子どもたちを教室の中央で半分ずつに分け，「大劇場」派，「約束」派に立たせ意見を出させる。違う立場の意見を発表するときには，「でもね」をつけさせ，手品師の心の迷いを再現させる（注　途中で立場を入れ替えて，両方の立場を体験させる）。

意見を出し合わせながら，手品師が，約束を守ったことで，失うもの，大切に守ったものへの気付きにつなげる。

❷評価のアイデア

道徳ノートに書かれた手品師の心の迷いの部分や，手品師の生き方から，学んだこと・考えたことを，書かれた内容によって，上述の評価の視点に沿って分類し，一人一人の学びを把握する。また，子どもたちが自分で主体的に考えたかどうかをつかんでいく。あくまで，個人内評価であるので，ねらいに対する子どもたちの日常の様子や課題を踏まえ，新たな気付きや学びがあったことを受け止め，記述評価にしていくことが大切である。

指導案

(1) 主題名　誠実な心　A－(2)誠実
(2) 教材名　手品師（出典：「小学校　道徳の指導資料とその利用１」文部省）
(3) ねらい　男の子との約束を守った手品師の姿を通して，自分の心に誠実に生きることの充実感やすばらしさに気付く
(4) 展開の大要

	学習活動	ねらいにせまる手立て	児童の反応
導入	1　手品師の仕事について考え，話し合う	・簡単な手品を演じてみせ，手品師の仕事は人を喜ばせるものであることを感じ取らせる。	・テレビで観たことがある。 ・大勢のお客さんから拍手をもらうこと。 ・お客さんを驚かせたりよろこばせたりすること。
展開	2　「手品師」を読んで話し合う ○男の子と約束をしたときの手品師の気持ちを考える。	・児童を手品師の立場に立たせて考えさせる。 ・手品が，男の子をとても元気にしたことを意識させる。	・男の子に元気を出してほしい。 ・どうせ暇な体だから男の子のために手品をしよう。
	○大劇場への出演の知らせをもらったときの手品師の気持ちを考える。	・大劇場出演と約束を守るとの間で迷っている理由をノートに書かせた上で話し合わせる。	〈大劇場〉 ・ずっと夢であったから ・二度とないチャンスかもしれないから ・大勢の人を喜ばすことができるから。 〈約束〉 ・男の子を放っておけない。 ・先にした約束だから。
	○友人の誘いをきっぱりと断った理由を考える。	・手品師は，何を大切に考えて大劇場を断ったのかたくさん出させ話し合わせることで，相手だけのためではなく，自分自身の誇りのためでもあることに気付かせる。	・大人として，子どもとの約束を優先した。 ・男の子の気持ち。 ・約束を守らないと自分が嫌いになる。自分の心。 ・手品師としてのプライド。
	○手品師が男の子の前ですばらしい手品を披露できた理由について話し合う。	・挿絵の表情などにも着目させ，自分の信念に沿って誠実に行動した手品師の充実感をとらえさせる。また，もし大劇場に出演していたら……。と，比べて考えさせる。	・手品師としての生き方。 ・男の子が喜ぶことが大切だから。 ・自分が選んだことに自信をもっているから。 ・自分が満足しているから。
終末	3　手品師の生き方から学んだこと・考えたことを書く	・生き方から学んだこと・考えたことをすることで手品師の誠実な生き方に対する自分の気付きを具体的に書かせる。	・自分がいいと思うことを大切に生きることは難しいけれど，すごい。

(5) 評価　自分の心に誠実に生きることのよさについて考えることができたか

授業の実際

❶導入

「手品をみたことがありますか？」と，子どもたちに尋ねると，「ある！」「自分でできる！」など，大騒ぎ。「ちょっと，見てね」といいながら，簡単な手品を披露する（百円均一でも手品グッズが売っています）と，拍手と「自分の方がうまい！」の声も。そのような状態の中「手品師は，どんなことを思って，仕事をしていたり，夢にみていたりするのでしょうね」と発問すると，次のような答えが返ってきた。「テレビにいっぱい出演したい」「すごく難しい手品ができるようになって，お客さんを驚かせたい」「いっぱい拍手をもらいたい」「世界一のマジシャンになりたい」「お客さんが『すごい！』といって喜んでくれるような手品師になりたい……」。手品師が，有名になりたいという夢とともに，お客さんを喜ばせたい，驚かせたい，楽しませたいという思いがあることに，子どもたちの心を向けさせたいと考え，実際に手品をみせるという導入を行った。

❷展開

「手品師は，どんな人ですか」と問い，主人公の置かれた状態を子どもたちとたしかめ，「手品師は，どんな思いで男の子と約束をしたのでしょう」と尋ねた。すると，「暇だったから」「男の子がかわいそうだったから」と同時に，「自分の手品で喜んでくれた大事なお客さんだから」「自分の手品で喜んでくれたから」と，導入とつなげた発言も多くみられた。そして，「手品師はどんなことを考えて迷っているのか」と問い，大劇場か男の子との約束かを迷っているその理由を道徳ノートに書かせた上で，話し合わせた。子どもたちは，大劇場に行きたいと思う理由と，男の子との約束を守りたいという理由をたくさんあげていった。そして，このことは，「何を大切にしたい，失いたくないと考えて，男の子との約束を選んだのか」という問いのときに，手品師が選びとったものと，それに対して失ったものが，それぞれの道徳ノート上に書かれていることになる。このことで，一人一人が自分のこととしてとらえることができ，また，授業後，「主体的に考える」ということに対する評価にも用いることができると考えた。

「何を大切にしたい，失いたくないか」という発問では，座席の近い子どもたち同士で話し合わせたあと，全員で話し合った。はじめは，どのグループも「約束を守る気持ちを大切にしたかった」を一番にあげていたが，時間が経つにつれ，「手品師だからじゃない？」「男の子の前で手品がしたかってん」と，手品師の生き方について話し合っていった。私が，「でも，この手品師，ずっとあまり売れないかもね」というと一人の男の子が手をあげて，「こんな手品師は，いつかきっとみんなに認められる日が来ると思う」と力説し，クラスのみんなから，大きな拍手をもらっていた。きっと，子どもたちの中に，手品師のような生き方が認められてい

板書

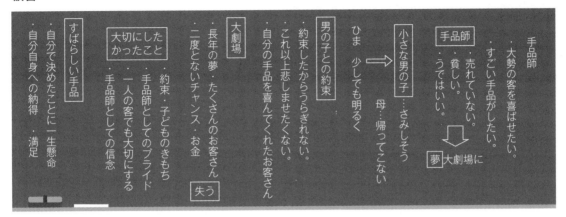

ってほしいという願いがあるからだと考える。

「すばらしい手品を披露できたのはどうして？」と挿絵の表情をみせながら問うと，「満足している」「男の子のためになれてうれしく思っている」と子どもたち。「じゃあ，もし大劇場にいっていたら？」と補助発問をすると，「後ろめたい」「男の子のことが浮かんできて仕方ない」「気持ちがのらなくて，失敗しそう」「なんとなくいや」「自分に納得しきれない」と，自分自身と男の子に誠実でいられないことへの後悔や辛さを語っていた。

❸終末

まず，手品師の生き方から，学んだこと，考えたことを道徳ノートに書かせた。「学んだこと・考えたこと」とすることで，手品師の誠実な生き方への気付きを子どもたちが自分の言葉で，具体的に書くことができると考えたからである。子どもたちは，「自分のいいと思うことを大切に，お金とかに惑わされずに生きるのは，難しいと思うけれど，手品師はすごい」「自分やったら，大劇場にいってしまうと思う。自分の大切にしたいことを守った手品師はすごい」等，全員で道徳ノートに書いたことを発表し合った。

発表のときには，「友達の意見になるほどと思ったり，自分の考えにも付け加えたいと思ったりしたことがあったら，自分の道徳ノートに○とマークをつけて，書き加えましょう」と指示し，自分になかった気付きを書き加えさせるようにした。

道徳ノートは，教師自身の授業評価（子どもたちの学びをつくるために明確なねらいをもった授業ができているか），そして，子どもたちが，その時間に学ぶことができたことを自己評価し，自分自身の成長を振り返ったり，子どもたちの学びを客観的に評価したりすることに用いることができるものである。しかし，考えていることはたくさんあっても，書くことが苦手という子どもも多くいる。書かせるときには，書くことが苦手な子へのサポートをしっかりとしながら，その子たちの考えたことを表現させ，受けとめてやりたい。

（龍神美和）

高学年の授業＆評価ガイド

2 「主として人との関わりに関すること」
「ロレンゾの友達」の授業＆評価ガイド

高 学年Bの視点の評価

　「ロレンゾの友達」は内容項目B－(10)「友達と互いに信頼し，学び合って友情を深め，異性についても理解しながら，人間関係を築いていくこと」を担っている。ねらいは「『友達とは，友情とは何か』を考え，よりよい友達関係を築いていこうとする心情を育む」と設定した。ねらいから評価を考えると，①「友達」とは…と考え，「友達」のとらえ方を広げ深めることができたか。②友達とのかかわりで，今の自分を見つめることができたか，を観点とすることができる。「主として人との関わりに関すること」の評価であるから，子どもたちが「関わり合いの中での自分」を見つめることができるように，授業を組み立て，子どもたちが気付き，考えることができたことを認めていきたいと考えた。

授 業＆評価のアイデア

❶授業のアイデア
　アンドレ・サバイユ・ニコライの誰の意見に自分が近いかを考えさせ，ネームプレートを貼り，自分の立場を明確にさせ，それぞれの立場を自分ごととしてとらえることができるようにした。そして，最後は，それぞれの立場を，「ロレンゾ」という客観的視点に立たせて俯瞰してみさせ，「本当の友達といえるかどうか」という視点で話し合わせ，自分の求める友達像を出させた。

❷評価のアイデア
　子どもたちの普段の様子，これまでの道徳の時間の学習の様子などから，気になる児童を取り上げ，この時間のその子の課題を明確にすることが大切である。課題を踏まえた上でねらいに沿った評価をし，教師も，児童も成長をとらえることができるようにするためである。
　道徳ノートを上述の観点①②に沿って分類し，この時間の一人一人の学びを把握するとともに，学期ごと，同じ内容項目の授業をしたときなどに，これまでの「道徳ノート」を振り返ってみることで，一人一人が自分自身の考え方や成長を見つめる機会にすることも大切である。

指導案

(1) 主題名　本当の友達　B－(10)友情
(2) 教材名　ロレンゾの友達（出典：「道徳教育指導資料（指導の手引2）」文部省）
(3) ねらい　ロレンゾに対する3人の思いや，ロレンゾにとって3人は本当の友達かを話し合うことを通して，「友達とは，友情とは何か」を考え，よりよい友達関係を築いていこうとする心情を育む
(4) 展開の大要

	学習活動	ねらいにせまる手立て	児童・生徒の反応
導入	1 友達がいてよかったと思うときについて発表し合う	・友達がいてよかったと思うことを発表させ友達について問題意識をもたせる。	・一緒に遊んでいるとき。 ・励ましてくれるとき。 ・一緒にいて楽しいとき。
展開	2 「ロレンゾの友達」を読んで話し合う 〇ロレンゾが警察から追われていることを知った3人の考えと考えのもとになる思いを考える。	・どうしたらいいだろう。 ・3人のそれぞれの考えをはっきりと理解させた上で，自分がどの考えに近いかを考えさせ，3人の思いを自分に重ねさせる。	・本人の気持ちを大事に。 ・自首は進めるが，本人の気持ちを大事に。 ・罪は償わないと本人のためにならない。
	〇酒場を出た後の3人が，話し合ったことを口にしなかったのはなぜか。	・「ロレンゾにいえばよかったのに……」と補助発問をし，答えやすくさせる。	・疑ったことを知ったらロレンゾが悲しむ。 ・少しでも疑ったことを知られたくない。
	〇もしも，ロレンゾが3人が話し合ったことや木の下で話したことをロレンゾに伝えなかったことを知ったら，3人のことを本当の友達だと思うかどうか考える。	・考えが一方になったときは，教師がもう一つの立場から揺さぶりをかける。 ・話し合いの中から，「本当の友達とは何なのか」を考えさせていく。	＊本当の友達 →自分のことを思ってくれた。 →友達だから悩んで考えてくれた。 ＊友達ではない →信頼してくれなかった。 →友達だから，全部話してほしかった。
終末	3 学習を振り返り，「友達」についてわかったこと，考えたことを書く	・導入の板書を振り返りながら書かせる。 ・「あなたは友達にとって，どんな友達か」と投げかけ，自分を見つめさせる。	・一緒にいて楽しいだけではなく，自分も，友達を信頼したり友達を思って行動したりできる本当の友達でありたいと思った。

(5) 評価　「友達とは・友情とは何か」を考え，自分を見つめることができたか

授業の実際

❶導入

　「友達がいてよかったなあと思うときは、どんなときですか」と発問すると、「一緒に遊んで楽しい」「落ち込んでいるときに励ましてくれた」「忘れ物をしたときに、貸してくれた」等、子どもたちは思いつくままにどんどん答えていった。展開の後半での「本当の友達とは」で、考えたことと比べることができるように、板書に書いて残しておくようにした。

　そして、学習のテーマは「友達について」であること、ロレンゾとアンドレ、サバイユ、ニコライは、幼なじみであることを伝えた。

❷展開

　「『彼が会いにきたら、どうしたらいいだろう』と話し合っている3人は、今、ロレンゾのことをどう思っているのか」と問い、3人に疑いの気持ちが膨らんでいることをとらえさせてから、「3人は、それぞれどうしてそう考えたのか」と尋ねた。数人の考えを聞いてから、全員にアンドレ、サバイユ、ニコライのどれか考えの近いものにネームプレートを貼らせた。アンドレに貼った子どもは1人。サバイユとニコライは半々くらいだった。どの立場に立った子も、その理由の中に「ロレンゾのために」「友達だから」という共通の思いが出ていたことを板書で視覚的にとらえさえた。アンドレを選んだ子どもは1人であったが、「友達をろうやになんか入れられない」「何か事情があるに違いない」「逃がしたら自分もつかまるかもしれないけれど、仕方ない」など、懸命に理由を述べていた。サバイユ・ニコライを選んだ子たちも、「罪をつぐなうようにいうのも友達の役目」など、たくさんの考えをみんなに伝えていた。

　「3人ともどうして木の下で話し合ったことを口にしなかったのか」の問いには、「疑っていたのがばれたくなかった」「久しぶりの再会だから、楽しい方がいいし、いえない」等と、子どもたちが答える中、「ロレンゾにいったら、すっきりしたかもしれないのにどうして？」と、子どもたちを揺さぶってみると、「絶対、無理」と子どもたち。子どもたちは、ロレンゾが、笑って許してくれるとは全く考えていないようであった。

　子どもたちが、「友達とは」と深く考えることができるように、「もしロレンゾが、3人が木の下で話し合った内容、話し合ったことをだまっていたこと等、すべてを知ったら、3人のことを友達だと思うか」と発問した。子どもたちは、友達だと思うが約6割、友達ではないと思うが約4割だった。友達だと思うと答えた子どもたちの理由は、「自分のことを思ってくれていたから」「久しぶりだったのだから、少しくらい疑っても仕方がない。思ってくれていたのだから、今からもっと仲良くなれる」「自分のために、悩んでくれているのだから友達」「昔からの友達だから、少々のことは乗り越えられる」というものだった。

板書

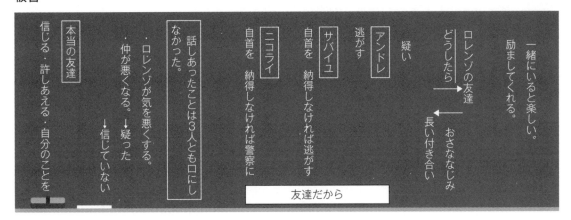

　「本当の友達ではない」と答えた子の理由は，「疑っていた」「友達だと思うのなら，ロレンゾを信じて疑ったことをちゃんといってほしいと思う」等というものだった。出てきた子どもたちの発言の中から，「本当の友達」に求めることの言葉を拾い，「自分のことを思ってくれる」「互いに理解しあっているから，少しのことくらいで揺るがない」「自分のことを信じてくれる」と板書していった。

❸終末

　最初に黒板に書いた「友達がいてよかったと思うこと」と最後に書いた「本当の友達」を振り返らせながら，「あなたは，友達にとって，どんな友達だろうね」と一言だけ子どもたちに伝え，道徳ノートを配り，「友達について，わかったこと，考えたこと」を書かせた。「友達にとって，どんな友達か」と問うた理由は，自分を見つめさせることはもちろんであるが，自分にとって，友達がこうあってほしいという周囲の人への要求で終わるのではなく，自分が誰かにとってどうあるかという視点を大切にして欲しかったからである。

　道徳ノートには，5段階で，「今日の勉強は自分のためになったか」を評価させた。道徳ノートの内容から，読み取ることができること，（教材の内容が理解できているか・ねらいとする価値に向かって考えることができているか）と合わせて，教師自身の授業評価に用いることができると考えた。

　アンドレにカードを貼った子は，授業中ずっと，「やっぱり信じて欲しい」を繰り返し発言していた。その子の道徳ノートには，「ぼくは，友達だったら最後まで信じてほしい。ぼくも信じたい。そんな友達関係をつくっていきたい」と書かれていた。

（龍神美和）

3 高学年の授業&評価ガイド

「主として集団や社会との関わりに関すること」

「マイルール」の授業&評価ガイド

高 学年Cの視点の評価

　集団や社会との関わりに関する内容の指導では，「社会生活をともに営む一員であることを自覚し，よりよい社会生活を築こうとする態度」を育てることが重要である。そのためには，①「〜のために」といった奉仕の精神，②「自分にできること」を考え，行動しようとする主体性を育むことが大切である。評価にあたっては，「対相手・対集団」という意識からきまりやマナーを考えている（道徳的価値の気付き），授業で学んだことや気付いたことを，社会の場で発揮しようとする実践意欲が感じられる，の2点を評価の観点として進める。

授 業&評価のアイデア

❶授業のアイデア

　さわやかで前向きな主人公が登場する資料である。葛藤場面や登場人物を深く掘り下げ，その行為や心情を話し合う内容ではないが，「私たちも主人公と同じように実践してみたい」と思いたくなるような資料である。そこで，展開後段で，ワークシート（マイルール・カード）の作成活動，シートをもとにしたグループでの情報交換会を設定する。

❷評価のアイデア

　この授業での評価のポイントは，二つである。①きまりやマナーは，「人のため」に守ったり，行われたりすると自覚すること，②自分でできるルールはないかを考え，実践することである。ワークシートには，次の点を記入する。

　①場所（学校・学級・家庭・地域から選択する）。
　②私のルール（3〜5項目程度を書く）。
　③「〜のため」（誰のためかを書く）。
　④達成状況（1週間後に記入する。A〜Cの3段階の自己評価及び感想を記入する）。

マイルール・カード 氏名			
場所	私のルール	〜のため	達成状況
	・		ABC
	・		ABC
	・		ABC
	・		ABC

指導案

（1）主題名　よりよい生活を目指して……　C－(12)公徳心
（2）教材名　マイルール（出典：光村図書）
（3）ねらい　約束やきまりが「人のため，集団のために」にあることに気付き，自分なりの集団生活でのルールやマナーを考え，進んで果たそうとする実践的な態度を育てる
（4）展開の大要

	学習活動	ねらいにせまる手立て	児童の反応
導入	1　自分の身のまわりにあるルールを思い出す ○自分のまわりにあるきまりやルールについて，思い出して発表してください。	・①学校，②学級，③家庭，④地域，⑤社会（日本）の五つに分類し，板書する。	・挙手し，自分の思い出したことを発表する。 ・学校では廊下を走らない。
展開	2　「マイルール」を読んで，話し合う ○私は，はじめのうち，みっちゃんの行動をどう思っていたでしょうか。 ○同じ5年生なのに，マイルールをつくっているみっちゃんをどう思いますか。 3　マイルールを互いに紹介し合う ○みなさんも私のマイルールをつくりしょう。	・教材文は授業者が範読し，状況や登場人物を確認する。 ・ルールやきまりは，「〜のため」というように，人と望ましい生活をするためであることを理解させる。 ・よいと思うことは進んで行おうとする自律の心にもふれる。 ・マイルール・カードの使い方を説明する。 ・厚紙の用紙を使う。 ・4人1組のグループをつくり，各自のマイルール・カードを紹介し合う。	・なぜ，これまで立っていたみっちゃんが，座るようになったのだろう。不思議だ。 ・みっちゃんはしっかりとした考えをもっているな。 ・どんなマイルールをつくろうかな。 ・友達のルールを参考にしよう。
終末	4　実践への意欲付けを図る ○1週間マイルールがどのくらい達成できたか確認しましょう。	・マイルール・カードのチェック（書き込み）の時間を確保するようにする（帰りの会5分を使う）。	・続けられるかな。 ・1週間達成できるようがんばろう。

（5）評価
①きまりやマナーは，社会生活をよりよくするために必要であることを理解しているか
②自分なりのマイルールをつくり，それを達成させようとする意欲をもつことができたか

授業の実際

❶導入

　「身のまわりにあるきまりやルール」を思い出すことからスタートした。「廊下を走らない，信号は守る」など，思い思いに発言したものを，「学校，学級，家，地域，社会（日本）」の五つに分類して板書した。しばらくすると，「宿題をやる，勉強する」などの発言が出た。これらはきまりというよりもマナーに近かったので，教材文に入る前に「きまりとマナーの違い」についてどう考えるかをたずねた。この発問に対し，「きまりは守るもので，マナーは相手に失礼にならないようにする」とＲ男さんが発言した。他の子どもたちにも確認すると，同意を得られた。このような「相手のため」という言葉が引き出されたことで，その後の展開や子どもの思考が非常にスムーズになった。

❷展開

　「マイルール」を範読した後，登場人物の２人を確認した。その後，「みっちゃんの行動をどう思っていたか」について子どもたちに投げかけた。すると，主人公みっちゃんの行為に対して，「すごい」という言葉が異口同音に聞かれた。そこで，「では，どんなところがすごいのですか」と再度たずねた。それに対して，「席を譲ったこと」「知らない人によいことをするから」「お年寄りの人のためにしているから」などとの回答があった。

　さらに，「同じ５年生なのに……，マイルールをつくっているから……」との意見が数名から出てきたので，次の発問に結びつけ，「同じ５年生なのにマイルールをつくっているみっちゃんをどう思いますか」と問いかけた。子どもたちからは，「すごい」との言葉とともに「自分もケガをしているのに人のためにしている」など主人公を賞賛する発言が数多く出された。「このようなよいことを進んで行うために，勇気も必要ではないですか」と補助発問を投げかけると，Ｙ男さんから，「勇気ではなく，優しさが大切だと思います」との反応があった。規則やマナーは，単に守るために存在するのではないことを気付いてきた発言である。つまり，自他をよくし，円滑な人間関係を築こうとする「優しさ」が，「きまりをつくり，マナーを守ろう」とする根底になっていることを自覚してきたのである。

　そこで，次のマイルールづくりへとつながる発問を行った。その際，発問の前に「みんなも同じような優しさをもっているはずだよ。たとえ，もっていないとしても，今日からもつことが可能だよ」といった。やや不思議そうな顔をする子どもの横で，Ｔ美さんが，「私たちにもマイルールがあればいいのよ」とうれしそうに反応した。「できるかな。わからない」とつぶやく子どもたちに，「私のマイルールを教えてあげる」と授業者がいった。「夕食時での約束」，「コンビニで待っているときの自分なりのルール」などの簡単なものを紹介するにつれ，子ど

板書

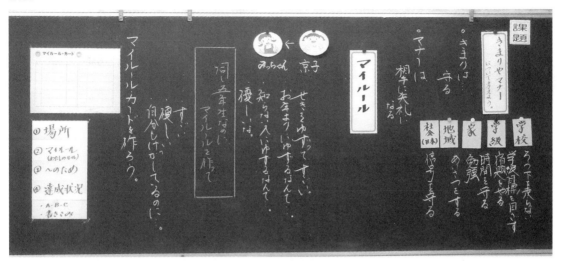

もも「自分もマイルールをつくろう」という気持ちが強まってきた。

その後，マイルール・カードを配り，カードの書き方を説明した。本時では①場所，②私のルール，③〜のため，の3項目を書き込んだ。子どもの中から，「もうこれまでもやっているので，④の達成状況も書きたい」との質問があったので，他の子どもたちに確認し，書き込みを了解した。時間は，およそ7分間としたが，大半の子どもが5項目を考えて書いた。

紹介コーナーでは，グループで発表し合うことを予定していた。しかし，書き込み状況が子どもたちによって異なっていたので，一律のグループ活動を取りやめた。「友達に教えたり，見に行ったりする情報交換の場」とした。1対1で見せ合うグループ，考えている友達に教える子グループなど，様々な情報交換の場ができあがった。

❸終末

終末では，マイルール・カードに，1週間後に達成状況を書き込むことが確認され，授業を終えた。授業を振り返ったアンケートでは，①自分の考えがしっかりともてた，②友達の意見を聞こうとした，の肯定的評価（4件法）が100％であった。心温かい道徳授業は，子どもたちの心や道徳性や前向きにしてくれる。

（尾身浩光）

高学年の授業＆評価ガイド 83

高学年の授業＆評価ガイド

4 「一ふみ十年」の授業＆評価ガイド
「主として生命や自然，崇高なものとの関わりに関すること」

高 学年Dの視点の評価

　視野が広がり，ものの見方が多面的になる高学年は，自然に対するとらえも変わってくる。また，その見方は，5年生と6年生で大きく異なる。5年生では，総合的な学習の時間などから身近な地域をもとに自然を考えるが，6年生になると，人と自然との関係を環境問題などとしてとらえるようになる。そこで，高学年では，2年間の道徳授業において，①自然のもつ偉大さに対する畏敬の念，②自然環境の破壊等に対する謙虚な反省，③自然との共存に向けた私たちの希望や意志，の3点について，自分なりの考えがしっかりともてたかを評価の観点とする。

授 業＆評価のアイデア

❶授業のアイデア
　教材「一ふみ十年」を2回使って授業をする。5年生と6年生のときに1回ずつ実施し，2年間での変容を子どもたちに実感させる。本時は，6年生で行うので2回目となる。まず，授業では，自然に関する写真を提示し，自然の美しさを視覚的にとらえさせる。
　また，展開後段では，「私たちの道徳」で示されている氷河やサンゴ，絶滅が心配される生物が，どのように破壊されてきたのかをデータで示しながら説明を加えていく。そうすることで，数値的にも変化していることに気付かせていく。

❷評価のアイデア
　この授業での評価のポイントは，ワークシートへの記入である。シートには，三つの発問に対する自由記述とキーワードの書き込み欄を作る。自由記述には，①自然を破壊していることに気付かない人間，②自然のすばらしさ，③これから自分ができることをどのように書き込んでいるかを見て，キーワードから本時の気付き（道徳的価値）を評価する。また，最後の記述には，5年生のときのワークシートを読んで，どのような感想をもったかも記入する。

指導案

(1) 主題名　美しい自然を守ろう　D-(20)自然愛護
(2) 教材名　一ふみ十年（出典：「小学校　道徳の指導資料とその利用6」文部省）
(3) ねらい　自然のすばらしさや偉大さを教材から感じるとともに，「自然の環境保全のためにどうするか」といった自分なりの考えをもつ
(4) 展開の大要

	学習活動	ねらいにせまる手立て	児童の反応
導入	1　これまでの学習を思い出し，本時への課題を考える ○「自然」という言葉から，何をイメージしますか。	・4年生のときの総合的な学習の時間や環境学習を想起させる。 ・できるだけ多くの子どもたちの発言を引き出す。	・総合的な学習の時間で川や環境について学習した。 ・まわりには，田んぼや畑，川や海がある。
展開	2　「一ふみ十年」を読んで，話し合う ○草むらに腰をおろしていたとき，注意された勇はどんなことを考えただろう。	・教材文は授業者が範読し，状況や登場人物を確認する。 ・人間は，知らぬ間に自然を破壊していることに気付かせたい。 （キーワード：自然を破壊する私たち）	・知らなかったのだから，そんなに怒らなくてもいい。 ・ぼくが悪かった。
	○「一ふみ十年」のいわれを聞いたとき，勇はどんなことを考えただろう。	・自然の偉大さに共感させたい。 （キーワード：自然のすごさ）	・一度壊した自然を戻すことは難しい。 ・自然は長い年月をかけて育っている。
	3　「こわされていく自然環境」の写真を見て，考える ○なぜ，自然破壊が起こってしまうのだろう。	・「私たちの道徳」の112ページをもとに，話し合わせる。 ・授業者から簡単な説明を入れる。 （キーワード：反省と守る）	・地球温暖化が問題になっている。 ・動物のえさや住むところを人間が奪ってしまった。
終末	4　実践への意欲付けを図る ○私にできることを思い出し，書いてみよう。	・非現実的な内容ではなく，身近なことから取り組むことが大切であることを伝える。（キーワード：私でもできる）	・近くの川のクリーン作戦に参加する。 ・余計なゴミなどを出さない。

(5) 評価　①自然への畏敬の念，②環境破壊への反省，③環境保全への意志がワークシートに書かれたか（そのことを発表したか）

授業の実際

❶導入

「自然という言葉からどんなことをイメージしますか」という発問に対して，子どもたちの反応は様々であった。「海や川，山」，「田や畑」などといった一般的なイメージから「私たちにとって大切な存在，生きる上で欠かせない」といった意見など，自然と人との関わりについて意見を述べる子どもが多かった。また，4年生の総合で学習した「川」を思い出したり，5年生での稲作を思い出したりし，懐かしそうに答える子どももいた。この初発の質問は，どの子どもにとっても簡単に回答できる内容であったので，全員の子どもを指名しても5分足らずですませることができた。そして，「美しい自然について考えよう」と板書し，展開へと進んだ。

❷展開

題名を書き，教材「一ふみ十年」を範読した。すると，「5年生のとき，やったよ」とA男さんが発言した。そこで，授業者から「5年生のときとは，考え方や見方が変わってきたと思います。今，あなた方が思っている素直な考えや自然について学んできたことを大切にしてください」と投げ返した。その後，子どもたちも黙読し，教材の内容を確認し，ワークシートを配付した。

二つ目の発問に対しては，勇に対する同情的・共感的な発言が少なくなっていた。「知らないではなく，チングルマに気付かないといけない」という意見からはじまり，「長年かけて育った植物，命ある植物だから大切にしなければならない」とかけがえのない命ある存在としてとらえる子どもの発言が目立った。さらには，「自然は一度破壊されると戻せない」と環境保全を前提に考える子どもも数名いた。このような「破壊」という言葉は，6年生になって表れてきた言葉である。そこで，キーワードを「自然を破壊する私たち」とした。

三つ目の発問に対しては，「高山植物が育つのに10年以上かかるなんて，すごい」などの感嘆の声や自然への畏敬の念を表す言葉が多かった。また，チングルマに対しては，「美しい花だと思います」，「小さな植物にも命がある」などの回答がでた。次に子どもたちに，「ここでのキーワードは，何だろう」と投げかけると，「自然のすごさ，命の大切さ」などがでてきた。

次に，「私たちの道徳」を使って自然環境について考えた。ただし，絵を見ただけでは，イメージがつかみにくかったり，身近な問題として感じられなかったりするので，補足の資料を加えた。「とけていく南極の氷河」では，①数百年で全部溶けてしまうこと，②溶けるスピー

板書

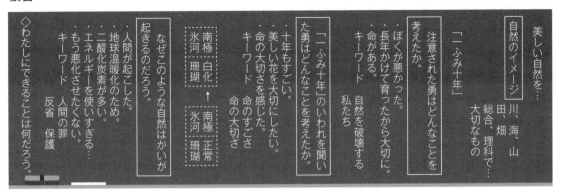

ドがあがっていること，③全部溶けると1〜5mも水位が上昇すること，などを追加資料とした。

また，「白化したサンゴ」では，①温暖化による海水温の上昇，②サンゴにもストレスがあり，それが原因になっていること，などを話した。その後，発問④の「なぜ，このような自然破壊が起こるのだろう」に対して，「地球温暖化のせいだよ」「CO2が多いからだよ」「石油などのエネルギーを使い過ぎたからだ」などの意見が出された。次に，6種類の絶滅危惧種についても①各動植物が著しく減っていること，②これまでに絶滅したといわれている動植物の説明を入れた。そして，「これらはなぜ，絶滅してしまっているのか」との投げかけに対し，子どもからは，「自然が破壊されて，動物の住みかやえさがなくなっている，農薬で殺されている」などの人間がしてきたことを反省する言葉が出た。キーワードについてどうするかと投げかけると，「人間の罪，反省，保護」などが出た。

❸終末

終末では，「私たちに何ができるだろう」（「私たちの道徳」111ページ）を朗読し，実践化への意欲付けを図るワークシートを，10分間書き込んだ。その際，5年生のときに書いたシート（作文）も配り，昨年との比較をしながら自分にできることを考えるよう指示を出した。M子は，昨年度の内容と比べながら，次のような感想を書いた。

> 5年生のときよりも，理科で学習したので，これまでより環境問題をしっかりと考えるようになりました。環境はかいをふせぐには，私たちが自然に関心をもち，まもることが大切だと思いました。町内でやっているクリーン作戦にも参加しようと思います。

シートから環境破壊への反省と保全への意志がたしかに感じられる。このようにワークシートは，授業者にとっては評価の材料であり，子どもには，自己の成長を感じられる学びの履歴である。継続し累積化されたワークシートは，重要な「評価」である。

（尾身浩光）

中学校の授業＆評価ガイド

1 「主として自分自身に関すること」
「負けない！クルム伊達公子」の授業＆評価ガイド

中 学校Aの視点の評価

　現行の学習指導要領における1-（2）「不撓不屈」は，「特別の教科　道徳」では，A-（4）となり「希望と勇気，克己と強い意志」とタグ付けされている。現行のものと変わるところは「その達成を目指し」という言葉が入ることと，後半が「困難や失敗を乗り越えて着実にやり遂げること」と変わることである。これまでは「着実にやり抜く強い意志をもつ」だったが，「やり遂げること」と変わったことで，実行力が求められているのである。

　本教材はプロテニスプレイヤーのクルム伊達公子さんのエッセイである。伊達さんは，まさにこのねらいを具現化した人物であり，中学生にとっては生き方のモデルになる人物でもある。そこで「伊達さんの考えについてあなたはどう思うか」と問うことで，道徳的心情と道徳的実践意欲と態度について評価を試みた。

授 業＆評価のアイデア

❶授業のアイデア

　プロスポーツ選手は中学3年生の生徒にとって，あこがれの職業である。しかし，だれでもなれる職業ではないことは知っている。才能と不断の努力が必要だという認識もある。部活動でも勉強でも最初は一生懸命取り組むのだが，うまくいかないと「自分にはスポーツの才能がないから」「自分は頭が悪いからやってもできない」と簡単にあきらめてしまう傾向がある。そこで，伊達さんの考えに共感する部分，疑問をもつ部分，納得する部分などを考えさせ，伊達さんの生き方から学んだことをこれからの生活に生かしていこうという気持ちをもたせるようにする。

❷評価のアイデア

　道徳的心情については，生徒の自己評価とワークシートを活用する。自己評価の項目に，ねらいに即した質問事項を入れておくようにする。ワークシートの評価については，パフォーマンス評価法の手法を取り入れルーブリック（評価基準）を作成し，それを活用した評価を行う。

指導案

(1) 主題名　やり抜く心　A-(4)克己と強い意志
(2) 教材名　負けない！クルム伊達公子（出典：正進社）
(3) ねらい　より高い目標をもち，困難や失敗に負けずに，最後までやり抜こうという気持ちを育てる
(4) 展開の大要

	学習活動	ねらいにせまる手立て	生徒の反応
導入	1　クルム伊達公子について知る	・クルム伊達公子の写真や試合の映像を見せ，教材への興味関心を高める。	・すごい人だな。 ・錦織選手だけじゃないんだな。
展開	2　教材を読んで話し合う ○伊達さんの考えに共感することや疑問に思うことがありますか。 〈発問例〉 ○「なかなかうまくできないほうが楽しい」という考えについてどう思いますか。 ○「努力は自信になる」という考えについてどう思いますか。 ◎自分がやるべきことは何だと思いますか。	・伊達さんの考え方に共感するところに青の付箋，疑問に思うところにピンクの付箋を付けながら読ませる。 ・付箋を付けたところを発表させ，課題を設定する。 ・友達の発表は共感的に聞くように伝える。 ・三つの場面に分かれているので，生徒たちの意見をもとに一つの場面で一つの課題を設定して，それについて考えるという形式で話合いを行う。 ・教材文全体がねらいに沿ったものなので，生徒の関心が高い場面を発問場面に選んでよい。しかし，意見がいろいろな場面に，散らばるようなら例にあげた場面で発問を組み立てる。	・付箋を付けたところを発表する。 ・たしかに夢はすぐには実現してほしくないけど，できないと楽しくない。 ・何度失敗しても挑戦するのはすごいと思う。 ・テストのときによくそう思う。 ・努力してもできないと逆に自信を喪失してしまう。 ・受験勉強をする。 ・将来の夢を見つけて，それに向けて努力すること。
終末	3　本時の授業について感想を書く ○自己評価を書く。	・本時の授業で考えたことをもとにしてこれからの自分の目標や生き方を含めて感想を書くように伝える。	・伊達さんの生き方を見習いたい。

(5) 評価　困難や失敗に挫けずに，より高い目標をもち，それに向かって努力しようという気持ちになったか

授業の実際

❶導入

　伊達選手を知らない生徒も多いため，導入では，伊達選手の写真や試合の映像を見せ資料への関心を高めた。インターネットを通して画像が見られるため，ICT機器を活用すれば教室で容易に印象的な導入を行うことができる。

❷展開

　教材は三つの場面で構成されており，それぞれに伊達さんの強いメッセージが込められている。そこで，最初に全文を読ませ，共感したところや疑問をもったところに付箋を貼らせた。同じ文章でも，ある子は共感し，ある子は否定的な考えを示し，ある子は疑問をもつということもあった。受け手の経験や能力によって感じ方や考え方は異なるので，「印象に残った場面」として取り上げ，課題設定型の授業を行った。小グループ活動を取り入れ，グループで話し合わせてもよい。

　その上で教材を三つに分け，一つの場面ごとに話合いを行った。

◆1の場面「〜略〜　すぐにほしいものが手に入ったり，夢が実現したらおもしろくないでしょう？」

・できないと楽しくない。ほしいものはすぐほしい。でも，たしかにすぐに夢は実現してほしくはないけれど。すごい考えだと思う。

・努力を辛いと思わず，楽しんでいるところがすごいと思った。たしかにがんばって何かを得る方が達成感があると思う。

・すぐにほしいものが手に入ったり，夢が実現したらおもしろくはないけれど，一生懸命がんばってもなかなかうまくできないと，楽しくはないと思う。

◆2の場面「〜略〜　努力は，これだけやっているのだからという自信になる」

・たしかに毎日こつこつとやれば自信にはなると思うけれど，自分は毎日こつこつやるのが苦手だな。

・自分の力を知ることができる場所がある人なら誰でもわかっていること。自分の「本当にやりたいこと」があれば，やる気がどうかなんて考えることはない。やりたくないことをやっているのなら，伊達さんの考えの通りだと思う。

・その通りだと思うけど，私にはそのやる気がどこから出てくるのかがわからない。

・僕もやる気がないときも毎日同じことをこつこつとやっていると，いざというときの自信につながったので，継続は力なりだと思った。

◆3の場面「〜略〜　あなたがこれからやるべきことは何だと思いますか」

板書

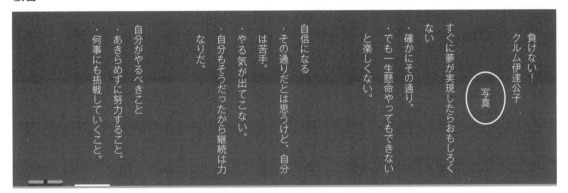

・何事にも熱くなりすぎず，いつでも冷静に行動すること。
・何事にもあきらめずに努力していくこと。

❸パフォーマンス評価と自己評価

　生徒の発表や話合いの様子，ワークシートに書かれた考えについては，作成したルーブリックに照らし合わせて3段階で評価した。特に道徳的心情については
1…自分の考えがもてない。「自分もそう思う」「そうは思わない」の発表（記述）だけである。
2…自分の考えとそう考えた理由も発表（記述）している。
3…友達の考えと比較したり，自分の経験と比較したりして発表（記述）している。
　自己評価に，「友達の考えと比較しながら考えることができましたか」「がんばろうという気持ちになりましたか」という項目を入れた。特に「がんばろうという気持ちになった」はA（大変そう思う）が60%，B（そう思う）が約40%だった。C（そう思わない）と答えた生徒が1名いた。

❹終末（〈　〉は，感想の分類）

　終末では，授業の感想を書くという活動を取り入れた。生徒の感想は次の通りである。
・自分としっかり向き合うことができたと思う〈授業に対する取り組みを反省している〉。
・公子さんは前向きで一生懸命がんばる人だと思った〈主人公についての感想を記述している〉。
・クルムさんはポジティブだと思った。私はネガティブな方だから，けっこう私とは違う考え方だと思った〈これからの自分の目標を記述している〉。
・公子さんのように，私も一生懸命自分のやるべきことをがんばりたいと思った。
・この話を聞いて，がんばれば何でもできると思った。入試に向けて勉強をがんばりたい。
・自分に厳しい人だなと思った。私は自分に甘いから見習いたいと思った。
発表だけで終わったがみな何かしら心に残るものがあったようだ。

（岡田多恵子）

中学校の授業＆評価ガイド

2 「アイツとセントバレンタインデー」の授業＆評価ガイド
「主として人との関わりに関すること」

中 学校Bの視点の評価

　現行学習指導要領の2-(4)「男女の敬愛」は，「特別の教科　道徳」では，B-(8)「友情，信頼」に統合される。新学習指導要領解説の中で「異性間における相互の在り方は基本的に同性間におけるものと変わるところがない」とあるが，思春期だからこそ育てなければならない道徳的判断力や心情がある。そこで次の五つの観点のうち①と②を重視して評価を行った。
①道徳に対する関心・意欲・態度……主体的に授業に取り組んでいるか。
②道徳的判断力……道徳的な判断を下すときには，どのように思考して判断するのか。
③道徳的心情……道徳的に望ましい（望ましくない）感じ方や考え方，行為に対して，どのような気持ちをもっているか。よりよい生き方にどのような感情をもっているか。
④道徳的実践意欲と態度……よりよく生きようとする意志や行動への構えは育っているか。
⑤道徳的習慣……基本的な生活習慣などをどの程度身に付けているか。

授 業＆評価のアイデア

❶授業のアイデア
　中学2年生にとって，本教材の内容は身近で共感しやすいテーマである。バレンタインデーが近付くと，その話題でもちきりになる。そこで，授業は1月下旬から2月上旬に実施する。また，あえて他人事としてとらえさせ，主人公を客観的に見つめさせることで，道徳的判断力を育てたいと考えた。場面絵は主人公の真一と夏樹の顔のみを使用する。小グループでの話合い活動を取り入れてもよい。

❷評価のアイデア
　道徳に対する関心・意欲・態度は，教師による観察はもちろんだが，生徒の自己評価を主として活用する。また，ワークシートや「私たちの道徳」に書かせた感想によっても評価することができる。道徳的判断力についてはワークシートを活用する。その際，パフォーマンス評価法の手法を取り入れルーブリック（評価基準）を作成し，それを活用した評価を行う。

指 導案

(1) 主題名　よりよい男女交際　B-(8)友情
(2) 教材名　アイツとセントバレンタインデー（出典：廣済堂あかつき）
(3) ねらい　異性のものの見方，考え方を理解した態度や行動を取るための判断力を育てる
(4) 展開の大要

	学習活動	ねらいにせまる手立て	生徒の反応
導入	1　バレンタインデーについてのエピソードを発表する	・自由に発言させ，話しやすい雰囲気づくりをする。	・チョコレートをあげたことがある。 ・もらうとうれしいけど困ることもある。
展開	2　教材文を読んで話し合う ○真一のことをどう思いますか。 ○夏樹のことをどう思いますか。 ◎「中学生らしい男女交際」ということを考えて，あなたは二人にどんなアドバイスをしてあげますか。	・真一と夏樹の顔（表情はつけない）の絵を提示し，二人を対比させながら発表させる。 ・真一と夏樹について数名ずつ発表させた後，その意見について生徒に投げかけ，討論型の話合いを行う。 ・考えの根拠も発表させるようにする。 ・自分たちのことも振り返らせながら考えさせる。 ・小グループの話合い活動を取り入れる。	・夏樹に勘違いされるようなことをするのがいけない。 ・自分で綾子に返事をしないのはよくない。 ・チョコは返すべきだ。 ・もう少し相手のことを考えた方がいい。 ・それぐらいのことで怒るのはひどい。 ・相手を信じることが大事だよ。 ・お互いによく話し合った方がいいよ。
終末	3　「私たちの道徳」の68ページを読んで感想を書く ○自己評価を書く。	・本時の授業で考えたことをもとにして「中学生の男女交際」について自分の考えをまとめさせる。	・相手の気持ちや立場を考えて，相手を尊重することが大切だと思う。

(5) 評価　異性のものの見方や考え方を理解して行動するために，適切な判断をしようとしていたか

授業の実際

❶導入

　導入では，教材への興味関心を高めるために，バレンタインデーの話題を出した。バレンタイデーの思い出等を話せる生徒に発表してもらい，話しやすい雰囲気をつくった。誰も話したがらない場合のために，バレンタインデーの由来やエピソードを用意しておいたが，明るく元気な生徒たちが雰囲気を盛り上げてくれた。

❷展開

　教材文を読み，あらすじを理解したところで，最初の基本発問「夏樹からのチョコレートを期待しながらも，別の女の子からチョコレートをもらってしまった真一のことをどう思うか」と尋ねた。教材文は長文だが，内容は把握しやすいのでワークシートを利用しなくても話合いはできるが，適切な評価をするために，本授業ではワークシートを活用した。生徒の発言は次の通りである。

・勘違いされてかわいそう。
・まじめで素直なんだな。でも女心がわかっていない。綾子がかわいそうだ。
・自分で綾子に返事をしないで，友達に任せたのはひどいと思う。

　次に，「真一を突き放した夏樹についてどう思うか」と尋ねた。すると

・自己中心的ではないか。勘違いしすぎている。
・バレンタインデーにふるのはひどいと思う。
・嫉妬心が強い。真一はただもらっただけなのに，怒るのはひどい。

という発言が多かった。客観的に見つめさせたことで，「真一も夏樹も自分の感情や気持ちを優先していて，相手の気持ちを考えていないのではないか」

「もっと相手のことを信じてあげてもよいのではないか」という冷静な判断をしていた生徒が多かった。これらの発表を踏まえて，中心発問「二人にどんなアドバイスをしてあげますか」と尋ねた。

　中には「信じられないなら，もう別れた方がいい」という意見もあったが，多くの生徒は「考えすぎないで，もっとお互いのことを考えるべきだ」「素直な気持ちで話し合ってみた方がいい」という考えをもつことができた。

板書

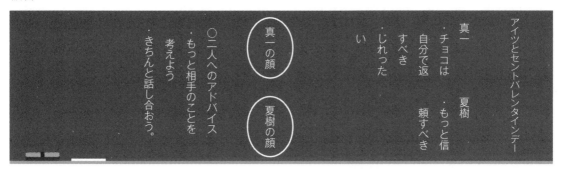

(板書内容)
アイツとセントバレンタインデー
真一　　　　　夏樹
・チョコは　　・もっと信
　自分で返　　　じすべき
　すべき　　　・頼すべき
・じれった
　い

○二人へのアドバイス
　・もっと相手のことを
　　考えよう
　・きちんと話し合おう。

真一の顔　　夏樹の顔

❸パフォーマンス評価

次のようなルーブリックを作成して，生徒の考えを3段階で評価した。

段階	関心・意欲・態度	道徳的判断力	道徳的心情	実践意欲と態度
1	・記述がない。 ・簡単な記述しかない。 ・考えようとしたり，友達の考えを聞こうとしたりする様子が見られない。 ・指名されても発表しない。	・人物の考えについての読み取りになっている。 ・人物の評価になっている。	・価値にふれていない。 ・人物の言動や行動にふれているが，価値を自分のこととしてとらえていない。	・自分のこととして考えていない。
2	・登場人物の思いについて考えたり，話合いに参加したりしている。 ・自分の考えや思いを表現することができる。 ・指名されると自分の思いを発表できる。	・道徳的価値を理解して，自分の価値観に基づいて判断している。	・道徳的価値に気付いたり，理解したりして，登場人物の心情を考えている。 ・自分の価値観に基づいて，人物の心情を考えている。	・道徳的価値を実践していこうとする記述が見られる。
3	・登場人物の思いについて進んで考えたり，話合いに参加したりしている。 ・自分の考えや思いを自分のこととしてとらえて表現することができる。 ・進んで自分の思いを発表できる。	・道徳的価値に対して自分を見つめ，自分のこととして判断している。	・道徳的価値に対して自分を見つめ，自分のこととしてとらえて心情を考えている。	・道徳的価値を進んで実践していこうとする意欲についての記述が見られる。

❹終末

終末には「私たちの道徳」を読んで感想を書くという活動を取り入れた。また自己評価を取り入れ，授業への関心・意欲・態度を評価させた。自己評価を取り入れたことで，発表はしなくても真剣に考えている生徒を把握し，次時の授業に生かすことができた。

(岡田多恵子)

中学校の授業＆評価ガイド

3 「主として集団や社会との関わりに関すること」
「選手に選ばれて」の授業＆評価ガイド

中 学校Cの視点の評価

　Cの視点は，「遵法精神」から「国際理解」まで9項目と多岐に渡るが，共通しているのは，個と集団の関係を学び，社会で生きる一員としてよりよく生きようとする姿勢を育成することである。教材が日常から離れたものも多く，ややもすると表面的な理解で流れてしまう恐れがある。生徒の気付きや成長を十分に評価できるよう，視聴覚教材や話合い活動などを活用しながら実感を伴った授業展開を行いたい。その上で，生徒の自己評価やまとめの記述等を利用した評価を組み合わせるなどして，適切に評価を行っていきたい。

授 業＆評価のアイデア

❶授業のアイデア
　本時は，C-(1)「遵法精神・公徳心」に関わって「権利と義務」について考えを深めることをねらいとする。対象が1年生ということもあり，「周囲の状況を考え，自分の権利を正しく主張し」たり，「個人の権利を認め，集団の一員としての義務を果たすことの意義を理解」できている生徒はまだ少数である。そこで，権利と義務のあり方を考えさせるために，意見を可視化するメーター表を活用した。学習シートと黒板の両方に設定し，両者の意見が一覧できるようにした。また，意見を共有することで討論での発言の活発化をねらった。討論後には，学習シート上で自分の意見の変化を記入し，それに基づきまとめの記述を行った。

❷評価のアイデア
　学習シートの自己評価を活用し，生徒が授業でどれくらい「課題と向き合った」と意識しているかを確認する。また，自己評価のみでは客観性に欠ける点を補うため，記述内容を参考とした。本教材では「みんな」と「A君」のどちらが良い悪いと紋切り型にいうことが目的ではない。両者に正当な面とそうでない面が混在することを実感させ，集団の中で権利と義務が共存していくには何が大切かに気付かせることが重要である。事前に作成した評価基準に当てはめ，各生徒の意見がどの段階にあるのかを見取った。

指導案

(1) 主題名　権利と義務　C-(1)遵法精神
(2) 教材名　選手に選ばれて（出典：東京書籍）
(3) ねらい　集団と自己との関連を考えて，権利を正しく主張するとともに，義務を確実に果たそうとする心情を育てる
(4) 展開の大要

	学習活動	ねらいにせまる手立て	生徒の反応
導入	1　事前アンケートの確認 ○学級や部活動などで仕事を仕方なく引き受けたことはあるか。また，そのときどんな気持ちで引き受けたのか。	・事前にアンケート調査を行う。 ・教師が結果を提示する。 ・多数決や推薦では，不満が残ることもあることを確認させる。	・自分では嫌だったのに，みんなに推薦されて仕方なく引き受けた。 ・多数決で強引に決められた。
展開	2　教材文を読み内容を確認する ○A君の立場。 ○学級のみんなの言い分。 3　学習課題を確認する 「権利」と「義務」のあり方について考えよう。 4　両者の主張について考える ◎どちらの立場がより理解できるか。また，それはどういう理由からか。 ［補］二つの意見が対立してしまった原因はどこにあるのだろう。	・この時点では，どちらがいいとか悪いとかという判断はせず，事実のみを確認する。 ・プリントにシール，黒板に付箋を貼る。 ・数名に発表させる。 ・どちらにも理解できる部分があっていい。無理に意見を明確化させず，意見を出させたい。 ・補助発問で，お互いの権利や義務の主張に問題点があることに気付かせる。	［みんな……選手となるべきだ］ ・A君は自分勝手だ。 ・A君の気持ちもわかるが全体のことを考えて引き受けるべきだ。 ・選ばれたのだから義務を果たすべき。 ［A君……選手を断ってもいい］ ・A君だって悩んでいる。 ・断る権利もあるはずだ。 ・みんなの言い分はひどい。
終末	5　今日の授業で考えたことをまとめる	・数名に発表させる。 ・方法論のみにかたよらず，義務と権利のあり方についてじっくりと考えた意見を出させたい。	・自分の権利や自由ばかり考えず，主張をするときはクラスや集団のことを考えてするようにしたい。 ・クラスのことばかり考えて，義務を押し付ける形になるのではなく，もっと仲間の気持ちも考えたい。

(5) 評価　集団と自己との関連を考えて，よりよい権利と義務のあり方を考え，今後の生活に生かしていこうとする心情をもてたか

授業の実際

❶導入

リレーの選手に選挙で選ばれたA君が，「出る出ないは個人の自由，勝手に選んでおいて出ろというのは一種の暴力だ」と異議を申し立て，「選ばれた以上，A君には出る義務がある」というみんなと対立する構図は，生徒の日常生活に重ね合わせることができる内容である。

導入では，事前アンケートでの結果を活用した。「今までに，学級や部活動などで仕事を仕方なく引き受けたことはあるか。また，そのときどんな気持ちで引き受けたのか」を記述させ，多数決などで強引に役割を押し付けられた経験などを出させた。特に，選出の方法によっては不満が残ることがあったことを想起させた。

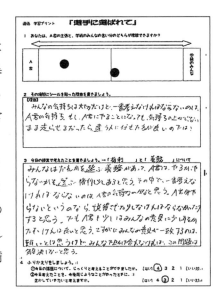

❷展開

教材文を読み，まず，A君と学級のみんなの主張を明確にする。この時点では生徒個人の意見は盛り込まず，書かれている事実のみを確認するのがポイント。教材文の言葉から，「義務」「自由→権利」という言葉を引き出しながら，二者の対立の構図が見えるように板書していく。

その上で，「自分はよりどちらに共感できるか」を考え，学習シートのメーター表にシールを貼り，理由を記述させた。意見が可視化されることで自分の立場が明確になり，理由を述べる手助けになると考えた。

その後，黒板のメーター表に自分の名前を書いたふせんを貼りつけ，学級の意見集約を行った上で，それぞれの立場から理由を発表させた。1年生という自己主張の強い時期である上に，導入のアンケート結果の印象もあり，事前の予想通りこの時点ではA君への共感が圧倒的に多かった。ここから，少数派の違う立場の意見を受けとめさせ，葛藤させることをねらっていく。

補助発問により，二者が対立してしまった原因を考えさせる。お互いの権利や義務の主張に問題点があることに気付かせ，集団の秩序と個人の自由，権利と義務がバランスよく共存していくためには気遣いや配慮，歩み寄りが不可欠だということに気付かせるようにした。なお，いきなりの全体討論では，意見が出づらいと予想される場合には，グループ討論のステップを

板書

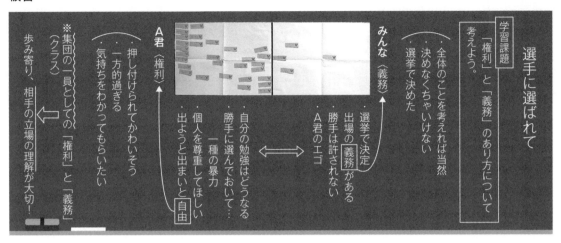

取り入れてもよい。

❸終末

終末では、本時を通して考えたことをシートに記述させた。その際、討論を経て意見がどのように変化したかをシールで明示し、「権利」と「義務」のあり方に触れるようにした。数名に発表させ意見を共有した。

最後に、「①今日の課題についてじっくりと考えることができたか」「②今日考えたことを、今後同じようなことがあったときに生かしていきたいと考えるか」の2点について4段階で自己評価を

> ［前］ A君がいっていることは単純で、理由もはっきりしている。A君の気持ちが理解できる。
>
>
>
> ［後］ 学級のみんながA君にもっと優しく理由を聞いて納得したらそれですむのに、ほとんど乱暴にいっているように思えた（暴言に近いと思った）。A君も利己的になってるし、学級のみんなもA君の気持ちを考えていないので、尊重し合えていないと感じた。権利と義務は、お互いに尊重し合わないとこういう風な状態に陥ることがわかった。こういうことにならないように、自分も考えていきたい。

行い、生徒の価値の受けとめを確認する手だてとした。

また、1時間内での価値の高まりを見るために記述の変容を参考にした。右は「どちらか一方の言い分に偏った理解に留まっている」段階→「権利と義務とが尊重し合うべきという理解があり、自らの実践に生かそうという提案がある」段階へと高まった生徒の例である。

評価の際には、短時間で事後の処理ができ、判断のぶれも抑えられるので、事前に簡単な評価基準を作成しておきたい。

（及川仁美）

中学校の授業&評価ガイド

4 「明日もまた生きていこう」の授業&評価ガイド
「主として生命や自然，崇高なものとの関わりに関すること」

中 学校Dの視点の評価

　いじめによる自殺や短絡的に他者の命を奪う悲しい事件が絶えない今日，Dの視点の中で，「生命の尊さ」は特に重視して扱いたい項目である。連続性や有限性など命の様々な側面を学ばせ，自他の生命のかけがえのなさを深く実感させる授業を展開したい。その上で，ワークシートなどを活用し，生徒がじっくりと自分と向き合う時間を保証しながら自己評価や記述を行いたい。ポートフォリオを作成し，学びの積み重ねを振り返ることができるように工夫することで，たしかな価値の定着につなげていきたいと考える。

授 業&評価のアイデア

❶授業のアイデア
　本教材は，横山友美佳さんの自叙伝からの抜粋である。バレーボール選手として将来を嘱望されていた彼女は，がんのために21歳という若さで永眠した。その人生の短さを知り，命があることが当たり前ではないと実感させるために，導入では自分たちの10年後を想像させる問いを投げかけ，伏線とした。また，命の大切さについて真剣に考える機会とするために，「命を捨てる」ことの是非について意見交換をする場面を設定した。終末では，授業のまとめを「友美佳さんへのメッセージ」という形で書くことにより，より実感を伴って命の尊さについて語らせる（記述させる）ことをねらった。

❷評価のアイデア
　終末で書いた「友美佳さんへのメッセージ」を評価の対象として活用した。事前に作成した評価基準を活用し，生徒の記述がどの段階にあるかを分類した。本教材はメッセージ性が強く主人公への共感しやすい。そのため，道徳的価値を理解し，さらに自分の生き方に結び付けて考える記述が多く見られた。反面，関連価値（本教材の場合は「強い意志」など）も強く含んでいるため，授業が「生命尊重」を柱として流れるように，発問や着眼点に気をつけて展開する必要があるだろう。

指 導案

(1) 主題名　生命の尊重　D－(19)生命尊重
(2) 教材名　明日もまた生きていこう（出典：教育出版）
(3) ねらい　生命が何よりも尊いものであるということを理解し，かけがえのない自他の生命を尊重しようとする意欲を育てる
(4) 展開の大要

	学習活動	ねらいにせまる手立て	生徒の反応
導入	1　意見交換をする ○「10年後の自分」は何をしていると思いますか。	・数名に発表させる。 ・将来の夢などについて，できるだけ具体的に述べさせたい。	・看護師になりたい。 ・結婚していると思う。 ・地元に戻って働いている。
展開	2　友美佳さんと出会う ○写真を見て，説明を聞く。 3　学習課題を確認する 友美佳さんの生き方から「生きる」ことについて考えよう。 4　教材を読み，考える ○毎日の生活の中で「自分がいつか死ぬ」ということを意識することはあるか。 ○「どんな理由があっても命を捨てることは許されない」のだろうか。	・写真を提示する（自叙伝の表紙，プレー中の写真など）。 ・高校2年生でバレーボール全日本代表に選出されたことを紹介。 ・教師が範読する ・導入で，「生きている」ことを前提にして10年後のことを考えていた自分たちに気付かせる。 ・「命」について真剣に考える機会としたい。 ・友美佳さんがいっているから，というだけではなく，生徒自身の思いを語らせ，意見交換したい。	・かっこいい。 ・すごい人だ。 ・憧れる。 ・あまりない。 ・身近な人が亡くなったときに考えた。 ・生きたくても生きられない人もいることを考えれば許されない。 ・自分一人の命ではない。 ・苦しんでいる人には絶対にだめだとはいい切れない。
終末	5　友美佳さんの生き方から考えたことをふまえて，友美佳さんへメッセージを書く 6　木村沙織さんのインタビュー映像を見る	・「生命尊重」に焦点を当てて記述させ，意見交換からの流れを切らないように留意する。 ・数名に発表させる。	・生きることについて初めて真剣に考えた。 ・友美佳さんの分も命を大切にしていきたい。

(5) 評価　友美佳さんへのメッセージ作成を通して，かけがえのない自他の生命を尊重していこうとする意欲をもつことができたか

授業の実際

❶導入

　授業は,「10年後の自分は何をしていると思いますか」という問いかけでスタートした。「会社員になっている」「芸能界デビューしている」「結婚はしていない」などと楽しそうに話をする生徒が多かった。対象は中学３年生であったので，10年後は25歳。将来の夢を語り，具体的に25歳の自分をイメージすることで，21年という友美佳さんの人生の短さを実感させるための伏線とした。

❷展開

　友美佳さんの写真を提示し,「高校２年から全日本代表に選出され，オリンピック選手として期待される人物」と紹介する。この時点で生徒からは,「すごい」「カッコイイ」という声があがった。ここで学習課題を確認。まだ教材全文を読んでいない（友美佳さんが亡くなったことを知らせていない）ため，「友美佳さんの生き方から『生きる』ことについて考えよう」とした。

　教師が教材文を範読。友美佳さんの力強く壮絶な生き様に心を揺さぶられた生徒も多く，範読を聞きながら涙を流している生徒もいた。彼女の生き方・言葉が強く人の心を打ち，この教材が大きな力をもっていることを改めて実感する。

　まず，「毎日の生活の中で『自分がいつか死ぬ』ということを意識することはあるか」と問いかけた。「あまりない」「祖父が亡くなったときに初めて考えた」「震災や災害のニュースを見ると考えてしまう」という反応があった。ここで，導入の問いを想起させ，自分たちが「10年後に生きていること」を前提に考えていたことに気付かせる。命があって当たり前ではない，ということを改めて見つめるポイントとした。

　主発問は文中の友美佳さんの言葉を引用し,「どんな理由があっても命を捨てることは許されないのだろうか」とした。いじめによる自殺がなくならない現状もふまえ，自他の生命がどれだけ重いものであるのかを真剣に考える場面とした。「許される」という明確な立場を取った生徒はいなかったが，メディアでは，ちょうど海外の安楽死をめぐる報道が話題になっていたため，「苦しんでいる人の一つの選択肢としてありうるのかもしれない」という迷いを語った生徒もいて，それをきっかけに活発な意見が交わされた。

　議論としては対立した意見を出させる形式をとったが，板書ではあえて対立を明確にせず，どちらの意見も混ぜて記述した。視覚的にも「命を捨てることが一つの選択肢」という構図にならないように気をつける必要があると考えた。

板書

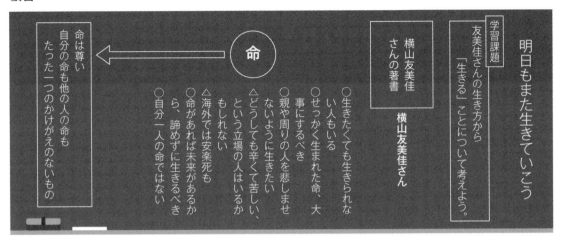

❸終末

　終末では、友美佳さんへ宛てたメッセージという形で自分の思いを記述させた。多くの生徒が自分の思いを熱心に書いており、今までの命に対する認識の甘さや、これからの生き方に言及している生徒が目立った。本教材は「強い意志」の側面も大きい。それが「精一杯生きる」ことのベースとなるため切り離す必要はないが、本時ではより「命の尊さ」に焦点を当てて書かせるため、意見交換からの流れを切らないように気をつけた。数名に発表させ、意見を共有した。最後に、友美佳さんの親友である木村沙織選手のインタビューを流し、まとめとした。

　評価は、メッセージを活用した。以下のような生徒の記述（抜粋）を、価値への気付きと実践への意欲を中心に、右のように評価基準（今回は4段階）に照らして分類した。

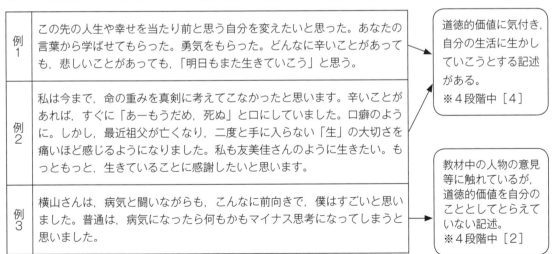

　上記のような評価をポートフォリオすることにより、生徒の成長を見取っていく。なお、評価基準の作成に当たっては、富岡栄先生のルーブリックを参考とした。

（及川仁美）

3章

「特別の教科 道徳」の通知表の記入文例集

記述式評価で何を書くのか

道徳教育の評価と道徳授業の評価の書き分け方

道徳の通知表記入文例集

文例記入のQ&A

記述式評価で何を書くのか

1 評価は子どもの満足を支持するメッセージ

授業者の感性を磨こう

　記述式評価で，何を書くのか。このことを，二つの側面から考えてみたい。すなわち，①授業者として，その時間の授業で，その子に何を学び取って欲しいと願っているか。②授業を受ける側なら，授業者に，この授業における自分の学びや気付きの内容のどんなところに気付いて欲しいと思うか，また，そのことについて，どのように評価して欲しいか，である。

　人は，どんな認められ方がうれしいことなのか。この問いに対しては，実に様々な答えが出てきそうであるが，たとえばそれを親子関係にたとえて考えてみよう。子どもが母親と肩を並べて夜空の星を眺めているとき，思わず，「きれいだなぁ」とつぶやく。そのとき，同じ星空を見ている母親も，「そうねぇ，きれいねぇ」と子どもの感動を引き受ける。すると，子どもは感情や満足を共有できた喜びと，「きれいだと思っていいんだ」という安心感に包まれるであろう。このときの，子どもの感情を引き受けた母親の発言は，ごくごく自然に，子どもと波長が合った結果として発せられた，自発的な言葉である。このように，自分が感動したことや満足したことを，相手も自分の喜びとして同じように感動し，満足していることがその子どもに伝わったとき，その子は「認められた」喜びを感じるのではないだろうか。感動や喜びの共有体験は，子どもの中で確信として，それをさらに大きな物に膨らませる。このように，「自分を理解してもらえた」喜びは，すなわち，「こう思っていいんだ」「これが自分なんだ」という自己理解につながるであろう。子どもは，授業の中での気付きや理解が大きければ大きいほど，授業者には，どこにどのように気付いているのかに気付き，理解して欲しいと願うものではないか。そして，教師がその部分を肯定的，支持的に評価することができたとき，その評価は，間違いなくその子自身が肯定的に自らを見つめ，自己の成長を信じて生きようとする確信となり，資質・能力としての道徳性を高めるたしかな基盤になるはずである。子どもが，自らよりよく生きたいと願うようになるのは，このような積み重ねの結果なのである。これが，前述の②の観点である。

　では，どうしたら，そのような適切かつ自発的な発言ができるようになるのか。それが①の観点である。授業者自身も，授業を通して子どもたちとともに，感じ，考え，学び合い，磨きあっているのである。

授業の中で子どもをみる観点を増やそう

　子どもを理解する感性を豊かにするには、観点を増やすことが肝要である。先日参観させていただいた２年生の授業（教材名「お月さまとコロ」　わたしたちの道徳　小学校一・二年）をもとに、観点を増やす方法について、いくつか例示する。

①本時のねらいを、具体的にする

　授業者は、「素直に生活することで心が晴れ晴れすることに気付き、素直に謝ろうとする態度を育てる」を本時のねらいに掲げた。聞くと、まだ若く、教師の経験も浅いという。だが、低学年ならではの「正直、誠実」の内容、すなわち、謝ることを中心に考えようとしているのは、さすがである。では、このねらいを、さらに具体的にしてみよう。たとえば、「いけないことをしたときに、過ちを認めずに悪態をついてもいい気持ちにならないばかりか、友達の信頼を失うことになるだけであり、素直に認めて謝る方が、ずっといい気持ちになることを理解する」ではどうか。さらに、役割演技を用いていたので、次のようなねらいではどうか。「素直に過ちを認め謝る役割を演じることで、過ちを認めずに悪態をつくより、素直に謝る方が自分も相手もずっと気持ちがいいことを、実感的に理解する」ここでいう「役割を演じる」は、教師が子どもに一方的に役割を与えて演じさせるのではなく、子どもたちが自分たちで自発的・即興的に演じた創造的な役割のことである。ここまでねらいを具体的にすると、授業の中での子どもの学びの深さを知る観点が出てこないか。なお、この際、この授業者のように「発達段階」を理解することが肝要である。解説に書かれた内容について、低・中・高学年で比較すると、その学年「ならでは」の、理解を深めたい内容（主題）が明確になる。

②学ぶ必然性をもたせる

　授業では、子どもたちは、八つ当たりされたギロの怒りの大きさから、初めて本気でギロに嫌われたコロの驚きや悲しみを理解し、「もとの仲良しに戻りたいけれど、どうしたらその気持ちが伝えられるのか」を自分事として考えはじめた。子どもたちの主題が明確になった。

③発達を見極める観点をもつ

　ここで、ギロに謝りたい子ども（コロ）が、ギロに出会う場面を演じた。コロはギロがやってくると、「あっ、ギロだ」というだけで、後ずさりしてしまう。しかし、ギロがコロの前を通り過ぎたとき、あわててギロを追いかけて、ギロに謝ることができた。このように、謝ることは難しいことである。コロを演じた児童は、ギロから話しかけられることを期待していたが、何もしなければギロの怒りは解消しないことに気付いて、自分から謝る行動に出たのである。ここにコロを演じた子どもの視点の広がりが如実に表れているといえる。つまり、自分の都合しか考えなかったのが、相手の気持ちに目を向けて、演じられたのである。さあ、書きたいことが見えてきた。前項の②の視点に照らし合わせて、文章にしてみよう。

（早川裕隆）

道徳教育の評価と道徳授業の評価の書き分け方

1 評価は子どもと教師の感動の共鳴

道 徳教育と道徳授業の関連

　全教育活動で行われる道徳教育と，道徳授業の評価を，どう書き分けるのか。このことを考えるのに，まず，道徳教育と道徳授業の関連をイメージしたい。

　例えば，総合的な学習の時間に，老人施設との交流活動を行った，5年生の事例である。

　老人施設との交流が決まると，楽しみにする子，不安に思う子，ちょっと嫌だなと思う子など，子どもたちは様々である。そこで，お年寄りとどのような遊びができるか話し合うと，子どもたちは，風船バレーボールならば一緒に楽しく遊べるだろうと考えた。実際，思惑通りにお年寄りたちも楽しそうにバレーボールをし，子どもたちは，意気揚々として学校に戻ったのであった。しかし，その2日後の振り返りで，A君は，「ぼくの前のおじいさんは，ときどき変な顔をしていた」と発言。それまで，自分たちの活動を賞賛し合っていた子どもたちは，A君の思わぬ発言に，驚きを示した。するとA君は，「おじいさんは，右の方に風船が来ると，力強く打ち返すのに，左に来ると変な顔になるんだよね」と報告。子どもたちは，おじいさんの左手が不自由なことに気付く。そこで，その場面を役割演技で再現することにした。

　おじいさん役のA君は，右にボールが来ると笑顔で力強く打ち返すが，左に来ると，少し追いかけた後，淋しげな表情を示した。この表情の意味を考えることが，子どもたちのテーマになった。「不自由な方に投げられると，できない自分に腹が立つ」「風船バレーボールなんて，おもしろくなくなる」子どもたちは，様々にA君の演じたおじいさんの表情の意味を考える。おじいさんを演じたA君は，「風船バレーボールは楽しいのだけれど，左に来ると打ちたくても打てなくて，せっかくラリーが続いているのに，みんなに申し訳ないと思うと，悲しくなる」とその心境を語った。このあと，子どもたちがどうしたかを想像することは，容易なことであろう。自分たちの行いで悲しませることなんて絶対したくないと，お年寄りの状況を施設に問い合わせ，「次の作戦」を練ったのである。

　この後の訪問は，施設の方も大喜びであった。お年寄りたちが，自由に使える方の手足を使い楽しく運動するばかりか，不自由な側の手足も使おうとしている様子が見て取れ，「いいリハビリになった」というのである。そんな施設からの声を子どもたちに伝えると，最初，交流活動にあまり乗り気でなかったB子さんの表情も，変わってきたことが感じられた。

道徳授業……おばあちゃんの喜び

　この活動に合わせて，認知症の老人の話を教材にした道徳授業を行った。一人ぼっちで猫と話をするおばあちゃんを，主人公の太郎（ぼく）は気の毒に思い，家に誘って，お茶やお菓子を振る舞う。何度も同じことを聞かれて嫌な思いもした「ぼく」であったが，おばあちゃんの目が喜びで潤み，「ぼく」の目も潤む。しかし，翌日おばあちゃんに会うと，おばあちゃんは昨日のことを忘れていて，「ぼく」はおばあちゃんに，「おめえだれだ」と言われてしまう。

　この話を読み終わると，「ひどいばあさんだ。せめて，ぼくの名前ぐらい憶えさせたい」とC君は怒りをあらわにした。そこでC君を太郎（ぼく）に指名して，おばあちゃんと太郎を演じることにした。C君はおばあちゃんに親切にするごとに，「おばあちゃん，憶えた。ぼく太郎だよ」と自分の名前を連呼する。おばあちゃんはそのたびに「太郎，太郎」と唱えるが，その表情は恐怖にも，悲しげにも見て取れた。この後の話し合いで，子どもたちは，おばあちゃんを演じた子どもから，この表情は「太郎に親切にされるとうれしいのに，その太郎の名前すら忘れてしまうことが申し訳なくて，悲しい」という気持ちからのものであったことを確認する。この後，C君のたっての希望で，ただひたすら，おばあちゃんによりそう太郎と，うれしそうなおばあちゃんが演じられた。演じられた後の話し合いでのD子さんの発言である。「おばあちゃんの喜びは，太郎に親切にされて10になっても，翌日には忘れて0になってしまって，10，0，10，0の繰り返しだ。でも，太郎の喜びは，10が15になり，20になっても，0には戻らない」おばあちゃんの悲しみと喜びを知った子どもたちは，このあとの交流会で，お年寄りを名前で呼び，膝を折って目線を同じ高さにして，楽しく語り合った。B子さんも，おばあさんから，昔の楽しいお話を「打ち明け」られて，とても楽しい時間をもつことができた。

評価としての書き分け

　このように，道徳授業では，子どもたちが「親切」のよさや意味をどのように理解し，どう深めたのか，学習状況や成長の様子を，子どもたちが創造した役割や発言，書いたものの内容等から把握し，それを文章として表して認め，勇気づけるようにする。C君やD子さんに，喜びや感動を伝えたい気持ちでうずうずしていると思う。それを，評価として表現すればいい。

　B子さんについても，書きたいことのイメージがわき上がっているのではないか。そう，道徳性に係る成長の様子を書けばよい。それは，道徳教育としての学びが，その学習活動が目標とする学びの内容に直接表れる場合もあれば，学習活動に取り組む姿勢や態度に表れる場合もある。個々の子どもの実態を知っている教師は，学習活動を通じて，その子がどのように成長したのか，成長しようと努力し（始め）ているのか，その感動を書けばよい。

（早川裕隆）

道徳の通知表記入文例集

1 低学年の文例集

1 学期の文例

❶Aの視点

「かぼちゃのつる」の学習では，トラックにつるを切られて痛い思いをしたかぼちゃの姿に，「罰が当たった」ととらえるだけでなく「わがままをしたらみんなに迷惑がかかる」，「人（友達）の注意には耳を傾けなければならない」と気付くことができていました。そんな素直な気持ちを大切にしていってほしいと願っています。

「きんのおのぎんのおの」の学習では，ペアでの役割演技（ロールプレイ）で，きこりと池の神様それぞれの役になりきって考えることができていました。きこりの正直にいたいと思う気持ちや神様がその心に感心している様子が表現できていました。そのことは，普段の生活でも，誰も見ていなくても一生懸命掃除する姿や友達が困っているときにすっと声をかけたりする場面に表れていました。

道徳の時間を楽しみにし，教材の読み聞かせでは食い入るように物語の世界に浸ることができていました。○○さんの主人公の気持ちに共感して考える力が光っていました。道徳の時間が終わってからも授業中に言い切れなかったことを熱心に話に来てくれる姿にいつも元気をもらっています。

❷Bの視点

「はしの上のおおかみ」の学習では，おおかみが「前よりもずっといい気持ち」になったのはどうしてかについて，おおかみになりきって発言できていました。また，意地悪をし

ていたときの自分を反省する気持ちや，くまさんに対するあこがれの気持ちにも十分気づいていました。周りの人に対するやさしい気持ちが表れていました。

「たけしくんのぼうし」の学習では，くりくり頭の2人に笑い声をあげながらもその深い友情に共感できていました。「どうすることが友達の笑顔を誘うのか？」「友達に元気になってほしいと思う原動力は何なのか？」しっかりと考えることができていました。きっと○○さんにもそんなお友達がたくさんいるのだと思います。

いつも自分から積極的に手をあげて発表するだけでなく，仲間の意見に対してもいつも目と耳と心を傾けて聴くことができていました。友達の存在を大切にしてともに学ぼうとする様子が伺えました。

❸Cの視点

「サンドイッチだね」の学習では，主人公の僕に自分の姿を重ね合わせて共感的にとらえることができていました。○○さんがお家でもおじいさんやおばあさんに大切にされていること，おじいさんやおばあさんが大好きなことが伝わってくる発表でした。きっとお家の人へのメッセージカードにみなさんが喜ばれたことでしょう。

道徳の時間にいただいたお家の人からのメッセージカードに涙を浮かべながらじっくりと読んでいました。家族の大切さがよくわかっている証拠だと思います。

❹Dの視点

「ハムスターの赤ちゃん」の学習では，自分が飼っている子犬の姿を思い出しながら慈しみの気持ちを表現できていました。○○さんにとって子犬は家族の一員なのですね。○○さんの小さな命を大切にしようとする気持ちが大好きです。

2 学期の文例

❶Aの視点

「ぽんたとかんた」の学習では,「悪いとわかっていることはしない」ということについてしっかりと自分の意見を発表できていました。普段の生活でも,友達との関係に左右されず正しいことを守ろうとしています。

「プールに入りたい」の学習では,まさしく自分の生活と重ね合わせた発言が光っていました。主人公の立場に立って考えることで,「身のまわりのものはきちんと整理しておこう」「ぼくも気を付けていこう」とする態度が大切なのだと気付くことができました。そんな素直な気持ちを大切にしていってほしいと願っています。

「るっぺどうしたの」の学習では,るっぺに教えてあげたいことを自分の言葉で表現できていました。「かぼちゃのつる」の学習が生きていますね。普段の生活でも,自分勝手にふるまうのではなく,きちんと整理する習慣が身に付いてきています。

いつも積極的に手を挙げ,役割演技（ロールプレイ）にチャレンジしていました。演技中には先生の突然の問い返しに対しても即座に反応して言葉を返すことができていました。役になりきって主人公に同化して考えられている証拠だと思いました。

❷Bの視点

「にわのことり」の学習では,みそさざいになりきって,とうとうそちらに飛んで行ってしまったときの気持ちや,一人で寂しく待っているだろうやまがらを思う気持ちを表現できていました。○○さんの友達を思うやさしさが表れていました。

班学習では,班の仲間の意見を上手に聞き出して論点（話の中心）をしぼって話し合いを

進めることができました。ともに学ぶ姿勢が身に付いています。

❸Cの視点

「きつねとぶどう」の学習では，お母さんに対する感謝の気持ちを自分のことのように考えて発表していました。特にぶどうの実を見つけたときのきつねさんのことを考えているときには目に涙を浮かべながら発言していました。振り返りカードの書き込みでも家族に対する感謝の気持ちがあふれていました。

友達の意見に耳を傾けている姿に，また，うなずきながら聞こうとする姿に，○○さんの仲間を大切にする姿勢と，ともに考えようとする態度を感じました。

みんなで話し合う場面で「話合いのルール」をやぶってしまった友達に対して，相手を傷つけないように，また，その根拠（理由）がわかるように上手に伝えることができていました。学習のルールが何のためにあるのかがよく理解できています。

❹Dの視点

星が大好きな○○さんは「ひしゃくぼし」の学習で，不思議なことが起こったことに対して女の子のやさしさと重ね合わせて物語に浸っていました。熱心に聞き入るその姿に○○さんの敬けんの気持ちを感じました。

「がんばれ，アヌーラ」の学習では，「生き抜くんだ」というぞうさんアヌーラの生命力と動物園の飼育係のおじさんたちのやさしさ，ガチャコとタカコの友情に感動するとともに，限りある命，支えられている命，かけがえのない命について考えを広げ，深めることができていました。学習の最後に書いたアヌーラへの手紙には○○さんのやさしさがあふれていました。

3 学期の文例

❶Aの視点

道徳の時間のあとにいつもお話に来てくれました。どうしてもいいたくて仕方がないといった感じでした。道徳が大好きで意欲的な○○さんの姿に「今度は何をしようかな」「今度はなんて考えてくれるかな」と，私も道徳の時間が楽しみで仕方ありませんでした。

「みかんの木のてら」の学習では，なんとかしてみかんを取ってやろうとする一郎たちの気持ちと，和尚さんのやさしさにふれたときの一郎たちの気持ちを比較しながら一生懸命発表することができました。振り返りカードには「そのあと，和尚さんと一緒に縁側で夕陽を見ながらみかんを食べたんじゃないか」と情緒深く予想できていました。そして，「そのときのみかんの味は一生忘れなかったじゃないかな」と物語の続きも考えようとしていました。その文章を読んで私の心もなんだかあったかくなりました。

「小さな努力のつみかさね—二宮金次郎—」の学習では，学校の中庭にも二宮尊徳の像があることを教えてくれました。そして，道徳の時間が終わってからも自分でもう一度たしかめに行っていました。二宮金次郎さんの小さな努力の積み重ねこそが大切であるという考え方に共感できたからだと思います。

❷Bの視点

「くりのみ」の学習では，きつねになりきって役割演技（ロールプレイ）し，自らの行為を反省する気持ちを表現するだけでなく，うさぎのやさしさにもふれてそのすばらしさ，心地よさを発表できていました。○○さんの友達を思う気持ちが十分伝わってきました。

「おちば」の学習では，自分の体験を例に出しながら，病気で寝ているときの不安な気持ちとそんなときに見舞いに来てくれた友達のやさしさに感動する気持ちを発表できました。発言の内容が自分の経験していることだからこそ説得力がありました。クラスの仲間もう

なずきながら耳を傾けていました。クラス全体が温かい雰囲気に包まれた瞬間でした。

❸Cの視点

「きいろいベンチ」の学習では、二人一組の役割演技（ロールプレイ）でたかしとてつおの考えたことを上手に話し合えていました。つい遊びに夢中になってしまって、公園のベンチに靴のまま上がってしまった二人になりきって反省と謝罪の気持ちを表現することができていました。とりわけ「きっとこのあと女の子とおばあさんに謝りに行ったに違いない」と予想していたところに〇〇さんらしさが表れていました。

「およげないリスさん」の学習では、友達を大切に思う気持ちが理解できるだけでなく、そもそもいじめの構造自体がよくないことまで推し量ることができていました。真剣に語る〇〇さんの姿にクラスのみんなも学ぶことが多かったようです。

「もりのゆうびんやさん」の学習では、みんなのために働くくまさんが大好きになりました。そして、学習のあとには係や給食当番の仕事などに熱心に取り組む〇〇さんの姿がありました。勉強したことが生きている証拠です。みんなのいいお手本になっています。

❹Dの視点

「虫が大すき―アンリ・ファーブル―」の学習で、ファーブルの探求心（物事の真実を突き止めようとする力）に感動した〇〇さんは、その後ファーブルの本を読みあさっていました。今では「虫博士」としてクラスでも有名になっています。

「かさじぞう」のお話では、見るに見かねておじぞうさまにあみがさをかぶせてあげるおじいさんと、そのことを知って「いいことをした」と喜ぶおばあさんに美しい心を感じることができました。生きていく上で大切なものを学ぶことができました。

（淀澤勝治）

道徳の通知表記入文例集

2 中学年の文例集

1 学期の文例

❶Aの視点

よくないことなのでやりたくないと思っていても，誘った友達との関係を気にしてその気持ちを伝えずに友達に流されてやってしまったときには，きちんと断ったり，自分の気持ちを伝えたりしなかったことを後悔して，かえって友達との関係が悪くなることがあることに気付きました。

自分の過ちに気付いたとき，素直にそれを認めずに，ごまかしたり隠したりしようとしたことがあることを思い出し，そのとき，気持ちが憂鬱になるばかりか，さらに嘘を重ねなければならなくなって，辛くなるばかりだったので，そのときは辛くても，素直に反省し，そのことを正直に相手に伝える方が，自分も相手もずっと気持ちがよくなると，自分にも相手にも正直に過ごすことのよさに気付くことができました。

❷Bの視点

友達から悪く思われたくない自分の気持ちを優先するだけでは，相手に気を遣うことに疲れてしまうだけで友情や信頼は深まらないことに気付きました。役割演技では，互いの考えや思いを伝え合って，理解を深め合おうとする役割を演じることができました。互いの信頼を育てるためにそのような関係が大切であると，実感することができました。

役割演技を通して，たとえ相手が間違っていると思えるときであっても，一方的に自分の正しさを主張するだけでは，相手を追い込んで，互いに嫌な思いをするだけであることに

気付きました。お互いの主張の共通点や違いを丁寧にたしかめ理解しあいながら考えをまとめるようにすると，より建設的な考えが生まれることを実感しました。

「そうか。本当の親切って，一番相手のためになることを考えて行うことで，自分がこれでいいだろうと思っても，それだけでは足りないときもあるんだ。難しいけれど，素敵なことだね。直接御礼をいわれなくても，いわれたときと同じか，それ以上にうれしく思えた」これが，「心と心のあく手」を教材にした役割演技による授業で，あえておばあさんに直接手を貸すことはしないけれど，そっと後ろで見守り，いざというときに助けようとする主人公が演じられたときのA君の感想です。親切の「素敵さ」を実感した瞬間でした。

❸Cの視点

自分にとって都合の悪いきまりや約束に思えても，そのきまりや約束を破ることは，大勢の人たちに迷惑をかけたり，不愉快な思いをさせたりすることになり，結局後悔することに気付きました。みんなが気持ちよくすごせるように，きまりや約束があることを理解してそれを守ることが大切であることを，実感することができました。

自分や自分の気の合う仲間だけを大切にしようとするだけでは，ときに自分たちだけに都合のいいように考えたり，強引に物事を進めようとしたりしがちになるが，それでは，嫌な思いを抱く人や，疎外感をもつ人が出ることに気付きました。たとえ，自分と意見が違う相手であっても，公平な仲間として大切にしようとすると，その喜びを共有し，わかり合おうとすることができることを，理解することかできました。

❹Dの視点

身近にある動植物にも命があり，力強く成長しようとする力が備わっていて，その美しさや不思議さ，愛おしさに，すばらしさを感じることができました。また，そのはかなさや，自然環境の変化による影響の恐ろしさを知り，人間にとっても動植物にとっても大切な自然環境を守ることを考え続けようとする気持ちを，強くもつことかできました。

2 学期の文例

❶ A の視点

> 自分でできることやしなければならないことでも，人からいわれてからするのでは，自分も，指摘した相手もいい気持ちがせず，自分から進んで行った方が，自分も相手もとてもいい気持ちになることを理解できました。面倒くさがらずに，自分のことは自分でしようという気持ちが，強くなりました。

> 人は，他人と自分を比較して，喜んだり，あこがれたり，ときにはやっかんだり，卑下したりしがちですが，自分らしさとは，必ずしも人と比較して優れていることだけではなく，なかなか気付きづらい日常でのさりげない行動に表れることがあることに気付くことができました。そのため，今感じる自分のよさや特徴を見つめながら，それを長所として大切に伸ばし磨いていこうという意識を高めるとともに，他者からの指摘も含めてこれから気付くであろう自分のよさや特徴をさらに伸ばし，生かしていこうという気持ちをもつことができました。

❷ B の視点

> 自分たちの日常は，平穏なことが当たり前のようであるが，それは，それを支える多くの人々の思いや営みがあり，みんなで支え合おうとする努力の積み重ねによって成り立っていることなのだと，改めて，新鮮な感覚で振り返ることができました。そんな当たり前のように思っていた人々のありがたさを見つめ直し，感謝と尊敬の気持ちを，これからも自分なりの形で伝えていくことが大切なのだと思うようになりました。

> 「ぼくも，こんな友達が欲しいな。ううん，自分でつくる。絶対つくる」これは，B 君が友情について考える道徳の授業で書いたワークシートにあった記述です。友達から何かをされるのを一方的に期待して待つのではなく，自分から相手に心を開き，お互いを理解し合って関係を深めようとする意欲が感じられます。

❸ Cの視点

「仕事は，自分に課せられたことを，責任をもってきちんとやり遂げることが大切だ」と普段から自分に厳しくいい聞かせているB君でしたが，道徳の授業を通して，働く人の思いは，見えない相手の喜びを想像しながら，その喜びに応えようとする真心に支えられていることに気付きました。苦しさや負担を感じても，仕事の先には，人々の幸せがあることを信じ，その思いを大切にすることが，工夫や楽しさを生むことを理解することができました。

家族のためにお手伝いをしたり，家の仕事を分担して行ったりすることに報酬を求めるのは当然と考えているところがありましたが，自分に対する家族の思いや，互いに支え合う家族の思いを考えることを通して，家族のために役割を果たすことに報酬を求めるのはおかしいことなのかもしれないと思い始め，報酬を求めることなく，家族の一員としての自主的に関わり，役に立ちたいという思いを強くしていました。

❹ Dの視点

人間には，たとえ自分が悲しくても，辛くても，人のためになったことに喜びを感じる気高さや美しさ，愛おしさがあることに気付きました。「花さき山」の授業では，たとえ誰にも見られることがなくても，自分だけが知っている，心の美しさの象徴としての誇らしさがあるのだと指摘しました。

「ずーっとずっとだいすきだよ」を教材にした授業では，命には限りがあることを理解するとともに，エルフィーと主人公を役割演技で演じることを通して，自分の命を大事に思われていたエルフィーの喜びや主人公への感謝，主人公の存在を大切に思うエルフィーの思いの深さを知り，限りある命だからこそ，それを大切にしあうことが大切であること，また，大切にしあう気持ちは必ず伝わり，生きる意味や生かされている意味を見出すことができることを，理解することができました。「ぼくの命も，いろいろな人から，どれほど大切に思われているのかわかりました。自分の命も，いろいろな人や生き物の命も，みんな大切だよって，もっともっと伝えていきたいと思いました」と，命の愛おしさについて，ワークシートに記述することかできました。

3 学期の文例

❶Aの視点

自分の好きなことや得意なことを続けることに比べ，苦手なことや，困難なことを続けることはとても辛いことですが，それを応援し，支持する人々の思いや期待もあることに気付きがんばることは，自分一人のためだけでなく，誰かの思いや期待に応え励ますことにもなるので，最後まで諦めないで続けていくことが大切なのだと，考えを深めることができました。

❷Bの視点

礼儀にともなう言葉や態度は大切ですが，その根底にある，相手への敬意を忘れてしまうと，単なる儀礼やしきたりになってしまって，相手を不愉快にさせることもあることを知り，その場にあった，丁寧な挨拶や振る舞いを通して，相手への真心が伝わるようにすることが大切であると理解しました。

「友だち屋」を教材にした授業では，友達に対するキツネのおびえやさびしさ，あこがれを理解するとともに，偏見をもたれて一人ぼっちだったオオカミの悲しみに気付くことができました。役割演技では，「キツネが一番大事な宝物になったから」といって，宝物のミニカーと，ボールを手渡すオオカミを演じました。そのミニカーとボールを両手で大切に受け取るキツネの様子から，「心を開き合えたから，信じられたし，信じてもらえたのだと思います」と相手を理解し，信じ合う大切さについて考えを深めることができました。

❸Cの視点

地域に伝わる祭りや風習は，後世に伝えようとした先人達の知恵や思いが込められた意味のあるものだと知ることを通して，日本の文化や伝統に込められた思いや意味を考え，親しみ，大切にしたいという思いを深めることかできました。

世界には，日本と違った多様な文化があるが，それぞれの国々の文化に意味や歴史があり，その国の人々は自国の文化に誇りをもち，大切にしているので，それらの特徴を理解し合い，尊重し合おうとすることこそが，互いの関係を深くすることにつながるのだと考えることができました。

「みんな，まってるよ」を教材として学習した時間では，今まで立ち止まって考えたことがなかった自分にとっての学級や学校の存在について，自分を支える集団や仲間，地域の人たちの存在に思いをめぐらし，その温かさに気がつきました。そして，自分も学級や学校をつくる一員として，みんなが悲しんだり，心配したりすることなく，安心で楽しい学校生活が送れるようにしていきたいと考えを深めることができました。

❹Dの視点

生命の誕生から「いのち」についての考えを深める学習では，自分たちを産んでくれた親の思いや誕生の神秘，生きていることの意味や「生かされている」存在であることの不思議さや喜びに思いを広げ，自分の誕生に感謝し，授かった命を大切しながら，それを生かして生きていこうとする希望を抱くことができました。

(早川裕隆)

道徳の通知表記入文例集

3 高学年の文例集

1 学期の文例

❶Aの視点

> 授業を通して，早寝・早起きをすることは，すべてが自分自身のためになることだということがよくわかりました。できるだけ生活のリズムを保って，積極的に朝の練習にも参加することができるようになりました。

> 「手品師」の授業では，手品師の生き方を考えながら，たとえ小さな約束だったとしても，お金のために簡単にそれを破るような人にはなりたくないという思いを強くもちました。「誠実に生きる」とはどういうことなのか，真剣に考えている様子が見られました。

> 授業を通して，責任を果たすということについて考えることができました。ノートには，自分の任された仕事について，意欲的に取り組もうとする記述がみられました。

❷Bの視点

> 授業を通して，「友情」「友達」について真剣に考えることができました。心から相手のことを考えて行動することが大切なことに気付き，班やクラスの活動でも率先して自らの意見を伝え，協力しようとすることができました。

> 本当の「思いやり」とは，こちらからの一方的なものではなく，相手の立場も考えることが必要であることに気付くことができました。その後の生活では，友達の思いを確認しな

がら様々な取り組みを進める姿が見られました。

「礼儀」とは，相手のためだけに大切にするのではなく，お互いに気持ちよく生活していくために必要であることを学びました。相手の目を見て，心を込めた挨拶ができるようになり，下級生のお手本となってがんばっています。

主人公の行動と自分自身を重ね，「自分も間違った行動をすることがあるかもしれない。だから，仲間の失敗を責めるのではなく，努力を認めてあげたい」とノートに書いていました。その言葉どおり，仲間を支え活躍することができました。

❸Cの視点

授業を通して，決まりはみんなが気持ちよく生活するためにあること，そしてお互いを尊重しあうことの大切さに気付くことができました。

どんな仕事にも，それぞれ大切にしていることがあることを学びました。夏休みの職場一日体験に向けて，職業についての様々な特徴を意欲的に調べることができました。

❹Dの視点

クラスの仲間たちと意見を交わしていく中で，「命より大切なものなどない」と力強く語っていた姿が印象的です。国や組織，置かれている様々な立場を超えても一人の命を助けるために立ち上がった人々の姿から，改めて命について真剣に考えることができました。

林間学園で登った山頂から見渡した大自然の様子に，大変感動したようです。「この自然が壊れてしまうと大変なことになる」と，山を守っている人たちの活躍に興味をもち，いろいろと調べて発表することができました。

2 学期の文例

❶Aの視点

自分の考えを積極的に発言できるようになり,それが自信につながっています。友達からも,様々な取り組みを評価されています。ノートにもがんばろうとする決意が表れています。

本当の「自由」とはどういうことなのか,道徳の授業を通してクラスの仲間たちと真剣に考え合うことができました。班やクラスの活動を振り返って,お互いが楽しく生活するためには責任も伴うことをよく理解し,努力することができました。

道徳の授業を通して,目標に向かって取り組むことの大切さに気付くことができました。運動会の練習でも,みんなと心を合わせて取り組むことができたのは大変立派です。

❷Bの視点

人に対して親切にすると,相手だけでなく,自分自身やまわりの人たちも温かな気持ちになることに,改めて気付くことができました。授業の後は今までにも増して友達を思いやる行動が増え,掃除や係の活動に率先して取り組んでいます。

「泣いた赤おに」の授業では,青おにのとった行動の是非について積極的に意見を出すことができました。真の友情とは何なのか,友達のためにはどうすることがよかったのか,仲間たちと意見を交わすことを通して,自分自身の行動を振り返ることもできました。

様々な活動をする中で,自分と違う相手の考えをよく聞きそれを認めたり,意見を聞いた上で自分の考えを伝えようとしたりすることで,よりよい関係が築けることを学びました。その後の生活では,友達の発言に,いつもしっかりと注目して聞くことができています。

❸Cの視点

「権利」と「義務」の違いについて，友達と熱心に議論することができました。道徳ノートの中には，中学校への進学を前に今自分がしなければならないことについて，たくさんの決意が書かれていました。

授業をきっかけに，自分の家族について考えました。改めて自分の誕生について考えたとき，自分一人だけで今ここにいるのではないということに気付くことができました。

運動会では全校のリーダーとなり，その成功に貢献しました。みんなが力を合わせて取り組むことの大切さに気付き，仲間とチームをまとめていくことができたのは大変立派です。

❹Dの視点

「限りある命」ということについて，「その思いを受けついで」の話を通して真剣に考えることができました。自分の経験を，教材に重ねて語っている姿に多くの仲間たちが感銘し，「いのち」について，充実した話し合いができました。

「自然を大切にする」とはどういうことなのか，授業を通して深く考えることができました。修学旅行に向けた調べ学習でも，日光の自然について興味をもち，自然保護の観点からたくさんの情報を仕入れ，見事な新聞を書き上げました。そこには，自分のできることから始めることの大切さと決意が綴られていました。

「365×14回分のありがとう」の授業では，食い入るように読み進めていました。お話の中の15時間にも及ぶ大手術を前にしての母親への感謝の言葉。自分の今と比べながら，その強さはどこからくるのか考えていました。お家の方からいただいた「生まれたときのこと」についての手紙を読みながら，目を真っ赤にしていた姿が印象的です。そのあとも「命」について真剣に考えることができました。

3 学期の文例

❶ Aの視点

責任ある行動とはどういうことか自分の言葉で考え，ノートに書き記せました。高学年として具体的にどのような活動をすればよいか考え合うことができたのは立派です。

どんなときでも，男女の区別なく誰にでも明るく接することができました。道徳の授業のときに語っていた思いを，いつも実行してくれています。そんな○○さんを，下級生たちも慕って，委員会やシスター交流など，いろいろなことを吸収しようとしています。

道徳の授業をきっかけに，自分自身を振り返り，課題を見つけることができました。そしてそれを改善し，自分の長所と併せて成長していこうと挑戦できたのは大変立派です。これからも振り返りの心を忘れずに，さらに成長してくれることを期待しています。

❷ Bの視点

主人公のとった行動について，真剣に議論することができました。そして，小さな誤解や思い込みがきっかけで友達を傷つけてしまうことがあることに気付くことができました。道徳ノートには，自分自身をしっかりと振り返り，今後どうしたいかが書かれていました。

本当の思いやりは，相手の立場に立って考えてこそのものだということに気がつくことができました。「相手のために」という気持ちは大切にしながらも，自分勝手な行為は思いやりにはならないということを，活動の中で仲間たちに伝えられたのは立派です。

「いじめ」をなくすために自分に何ができるか，授業をきっかけに改めて深く考えることができました。クラスのみんなに新しい提案をするなど率先して取り組んでくれたことで，みんながもう一度，いじめをなくすためにどうすればいいのか考えることができました。

「礼に始まって礼に終わる」という言葉から，自分自身の生活を振り返って考えることができました。道徳ノートには，これからの決意が書かれており，修学旅行でも，ガイドさんや旅館の方など一人一人に丁寧にあいさつをすることができました。

❸Cの視点

授業を通して，規則を守ることは大切だが，それ以上に規則の意味を考えて行動することの大切さに気付くことができました。お互いが気持ちよく生活するために，規則があることを理解して，クラスの友達にもきちんと呼びかけることができたのは大変立派です。

人は，誰もが平等であり，等しい関係にあることを理解することができました。道徳ノートに記した「差別を絶対に許さない」という考えは，とても大切なものです。また，その考えを全校に広めるため，児童会で〇〇小宣言をつくりました。これは，学校の誇りです。

自分自身の失敗の経験を振り返って，他の人が失敗したときも認めてあげることが大切だと気がつきました。その後の生活では以前にも増して，優しく仲間を見守っています。

❹Dの視点

「かけがえのない命」ということについて，真剣に考えることができました。「命てんでんこ」という言葉の意味から，命を守るために自分はどうすべきか，一生懸命に語っていたのが印象的です。

学校のシンボルツリーである桜の木について，その歴史や守ってきたたくさんの人たちの存在を知って，後輩たちにその事実を伝えようと，すばらしい新聞を書き上げることができました。卒業を前に発表したことは，きっと後輩たちに受け継がれていくことでしょう。

（大舘昭彦）

道徳の通知表記入文例集

4 中学校の文例集

1 学期の文例

❶Aの視点

望ましい生活習慣について主人公の立場で考え，他者の意見も取り入れながら，節度ある生活の大切さについて自分の考えをもつことができました。

目標を達成するための実践について，具体的なアイデアをたくさん考え授業で発言してくれました。着実にやり遂げることの重要性に気付き，自覚することができました。

苦難を乗り越え目標を達成した主人公の生きざまにふれ，真実を大切にしたり真理を探究したりすることの意義について，深く考えることができました。

❷Bの視点

思いやりの心をもって人と接することは，相手が何に困っていて，何をして欲しいかを考えてやることだと気付き，それを話し合い活動で伝えることができました。

人間社会において礼儀正しくすることの利点について深く考え，他者が気付かないようなたくさんの具体例を発表してくれました。

友情についての話し合い活動では，親友とはただ仲がよいだけではなく，ときには互いに

注意したり口論したりして，互いを支え合っていくものだと気付きました。自分の考えや意見を相手に伝えるとともに，寛容の心をもって謙虚な態度で他者の意見を聞き入れ，自分を高めることができました。

❸Cの視点

学級全体での話合い活動では，誰に対しても分け隔てのない態度で接し，正義と公平さについての望ましい行動について理解を深めました。

地域でのボランティア活動などの経験から，公共の精神について自分なりの考えをもち，授業ではそれを発表するとともに意見交換を通して考えを深めました。

地域の一員として町内の活動に日常的に参加していることを発表してくれました。その内容や考えのおかげで，クラス全体で郷土の発展について真剣な話し合いができました。

日本と他国の慣習の違いなどを話し合うことによって，我が国の風土や長所などについて新たな自覚をもち，その発展に努めようという意見を発表してくれました。

日本人も世界人類を構成する一部であるという国際的な視点でものごとを考え，世界の平和と人類の発展に寄与していこうという自覚を深めることができました。

❹Dの視点

生命の尊さについて，家族の病気や健康などを例に挙げ，かけがえのない生命について他者を納得させる意見を述べることができました。

気高いものなどを素直に感じ取り，その感覚や感動を表現してくれました。大自然の前で

は一人の人間の力ははかないものだという意見が，周囲から支持されました。

自分の経験した奉仕活動と読み物教材の中の主人公の体験を重ね合わせて考え，よりよく生きることの意義と喜びを深めることができました。

2 学期の文例

❶Aの視点

自律の精神をもつということは，誠意ある判断にもとづき誠実に行動していくことと，その結果に責任をもつことが必要だという考え方ができるようになりました。

望ましい生活習慣を確立するには，節度を守り節制に心がけるだけではなく，心と体の健康の増進に努めていくことも重要であると気付きました。

自己を向上させるためには，自分の長所や個性を伸ばすだけではなく，周囲との人間関係なども大きく影響していることに気が付きました。

より高い目標を設定しそれを実現するためには，常に希望や勇気をもち続け，やり遂げようとする強い意志が必要であることに気が付きました。

❷Bの視点

礼儀正しい言動は，単に自分の品格や評価を高めるだけではなく，所属している集団や家族にもよい影響を与えることに気付きました。

異性についての理解は，ただ男女の交際のマナーなどについて知るだけでなく，悩みや葛

藤も経験しながら人間関係を深めていくことだという考えをもちました。

話合い活動を通して，人それぞれにいろいろなものの見方や考え方があることを知り，それらを謙虚に聞き入れ，自分の成長につなげたいという考え方ができました。

❸Cの視点

校則を守ることについて考えた授業では，きまりを守ること自体のもつ意義よりも，不公平やえこひいきのない人間関係が大切であるということに気付きました。

正義や公平についての授業では，差別を受けた人の立場になりきってその感覚や感情を表現してくれました。そのおかげで学級全体で公正さについて，認識を新たにしました。

人にはそれぞれ心の原風景となるふるさとがあることを示してくれました。そのふるさとを想いながら今を過ごし，郷土とともに成長していく意義を説明してくれました。

他者との意見交換により，わが国は先進国であるという考え方だけでなく，多くの諸外国の人々と支え合っているという意識を深めることができました。

❹Dの視点

生命を大切にするということは，健康や安全に注意して生きるということだけではなく，他者とともによりよく生きることが生命の尊さと関連が深いと気付きました。

人類にとってかけがえのない地球の自然環境は，この先も子や孫のために確実に守られなければならないことを，話合い活動を通して自覚しました。

本来人間には、誰もがよりよく生きようとする心があることを前提に、それを邪魔する弱さや醜さについて話し合いをしました。その結果、より望ましい言動について自分なりの考えや実践意欲をもつことができました。

3 学期の文例

❶Aの視点

アンケート結果で「大人になるにつれて自由が増していく」という意見が多数だったので、自由と責任について考える授業を行いました。多くの意見交換により、大人は自由に見えるが言動の責任をとらなければならないという考え方に達しました。大人に近づいていくために、多様な考え方ができるようになりたいという考えをもちました。

個性とは何かを考える授業をしました。当初、個性とは容姿やファッションであると考えていましたが、社会生活を営む中できまりを守らなければ個性は認められないということに気付きました。個性についてまだ考えはまとまっていませんが、ものの見方や考え方の多様性は、大きく向上しました。

❷Bの視点

人には思いやりの心で接し、多くの人から感謝されることがよりよい生き方だと、当初からきちんとした考えをもっていました。複数回の思いやりについての授業を通して、思いやりの行動には相手の立場で考えることが必要だと気付きました。自己満足の押し売りではなく、本当の優しさや親切について、一歩も二歩も心が成長した今学期でした。

友情について考える授業をしました。当初友達とは、苦しいときに支え合ったり悩みをともに考えてやったりするものだという考え方でした。話合いの中でもう一歩踏み込んだ親友についても考えました。親友とはときにはライバルにもなるもので、日々一緒に過ごす必要はない、本音の部分で心がつながっている友達であるという考えに至りました。

❸Cの視点

「きまりは守るもの」という，当たり前のことができなくなりつつあるという意見が出されました。当初，きまりはよりよい集団となるために大切であると考えていました。他者の意見を聞いて考えていくうちに，きまりを破る不公平は最後に自分の立場を悪くすることにつながるという考え方ができるようになりました。

家族を考える授業では，勉強のことや手伝いのことなどで，ご両親に常に口うるさく注意されると発言していました。読み物教材で疑似体験をしたことによって，本来自分の内面にあった，親への感謝などの感覚が次から次へと表れ，友達をも感化する貴重な発言をしてくれました。

外国人講師の話を聞いて，他国から見た日本の存在や役割について考えを深めました。同時に日本は世界のごく一部でしかないことや，その中でさらに小さな存在である自分について俯瞰的な視点をもちました。併せて集団と個人の関係についても，同様に考えを深めました。

❹Dの視点

災害を扱った授業では，かけがえのない人間の命を守り抜くという強い決意を述べてくれました。他者の様々な意見を聞く中で，平穏時の大自然が人間に与えてくれる恩恵の大きさについて自覚し，自然愛護の意識も高揚しました。これらを通して，人間の力が遠く及ばないところでの何かについて，考えてみようという意欲が表れました。

1年間の授業の中で，自分がよりよく生きていくということについて何度か考えました。自分がきちんとするという発想から，他者に対してよく振る舞うという意識へと変化してきました。自他ともに高まろうとする意識は，人間の弱ささえも乗り越える力があり，とても気高いことです。道徳授業への前向きな態度がよくわかりました。

（丸山隆之）

文例記入のQ&A

1 肯定的な内容だけでなく，伸ばしたいことも書くべきでしょうか？

道 徳科の評価は子どもの成長やよさを前面に押し出した記述にする

　道徳科の評価をするにあたり前提となるのは，毎時間の道徳授業のねらいが明確であるとともに，そのねらいが子どもたちの実態に即したものであることである。このようなねらいに沿った道徳授業が展開される中で，子どもが考えたことや思ったこと，新しく発見したことなどを教師が把握し，それを通知表や指導要録に子どもが納得する形で文章化していくことがポイントとなる。そのためには，評価するための資料（ワークシートの記述，授業中の子どもの発言や態度のメモ，感想文，アンケート，個人面接記録など）を蓄積していき，その中から子どもの成長やよさなどが感じられるものを積極的に拾い出し，記述評価をすればよい。記述表記のポイントは，①主題名や使用した教材名など②ねらいとする価値と自分とのかかわりで考えたこと思ったこと③高まった意欲や学ぶことができたことなどの3点である。（例）「『強い意志』の授業では，ワークシートに『この授業で主人公の荒木さんのことを知り，あきらめない気持ちと強い意志があれば何事も実現するのだと考えさせられ，改めて自分も後悔しないようにがんばろうと思った』と記入していました。この授業を通して，自分が決めた目標に向かってあきらめず強い意志をもって努力することの大切さを学ぶことができました」

評 価は，子どもの伸ばしたいところも記述する

　道徳科の評価は，それを見た子どもが励まされたり勇気づけられたりして，これからも意欲をもってがんばっていこうと思わせるものでなくてはならないと考える。しかし，場合によっては「思いやり」の授業を通してワークシートなどに，「これからは，自分も困っている人がいたら相手の気持ちを考えながら声をかけてあげるようにしたい」などと書いてくることがある。そこで，常に肯定的な部分だけでなく子ども自らが気付いたところを，その子にとって伸ばしたいところとして記述することがあってよいと考える。（例）「『思いやり』の授業では，ワークシートに『これからは相手の気持ちを考えて声をかけてあげるようにしたい』と記入していました。すばらしいことです。ぜひこれからは相手の気持ちを考えて勇気を出して声をかけてあげるようにしてください」

（根岸久明）

文例記入のQ&A

2 書くことが思い浮かばない子どもがいるのですが，どうすればよいでしょうか？

子どもの評価に対する考え方を理解する

　改正された学習指導要領では，評価に関して「児童（生徒）の学習状況や道徳性に係る成長の様子を継続的に把握し，指導に生かすよう努める必要がある。ただし，数値などによる評価は行わないものとする」と示されている。つまり，道徳の評価に関しては次の2点を押さえることが必要である。第一には毎時間の道徳科の授業に対する学習状況を把握すること，第二には道徳科の授業だけではなく学校の教育活動全体で行う道徳教育全体を通じて継続的に道徳性を評価するということである。子どものよい点や進歩の状況などを積極的に評価するとともに，子ども自らが成長を実感し，意欲的に取り組もうとするきっかけとなる評価を目指したい。

評価の観点を明確にするとともに継続的な見取りからの記述評価とする

　道徳科の授業に対する学習状況の把握という点については，毎時間の道徳科の授業に対する関心や授業に参加する意欲や態度が中心になる。そこで，授業の最後に「教材について，興味をもって読めたか」「自分の考えを伝えることができたか」「友達の考えを聞くことができたか」「授業の内容について深く考えることができたか」というような観点で自己評価をさせることが有効になる。
　また，継続的に道徳性を評価するためには，道徳科の各授業で学んだことが，その後の生活に役立ったり，生き方の参考になっていたりするかどうかを継続的に見取っていく必要がある。そのために有効なのは，道徳科専用のノートをつくり毎時間そこに記入をさせたり，ワークシートなどをファイルさせたりして，自己の成長を感じさせる機会をつくることである（ポートフォリオ評価）。また，学期の最後に行う自己の取組の振り返りや学級担任だけではなく学校，学年における他の教師の意見なども参考にすることも大切である。いずれにしても，明確なねらいをもって道徳科の授業を行い，その自己評価を蓄積することで，書くことが浮かばない，つまり変容の少ない子どもにおいても変化を見取ることが可能であると考える。また変容がなくても，その価値が大切であると確信できたということも考えられるので，その理由を大切にし前向きな記述評価を心がけたい。

（根岸久明）

文例記入のQ&A

3 毎学期,同じような評価になってしまうのですが,違いをどう出せばよいでしょうか?

道 徳科の年間指導計画に基づいた道徳科の授業を計画的に行う

　学校で行う道徳科の授業は,「道徳科の年間指導計画」に基づいて行われている。また,道徳科の年間指導計画は,各学校の道徳教育の全体計画に基づき,各教科,総合的な学習の時間及び特別活動(小学校においては,外国語活動)との関連を考慮しながら作成することになる。そして,各学年において示されている内容項目をすべて取り上げることが必要であり,重点的な指導を行うために一つの内容項目を複数の時間で取り扱うなどの工夫も必要である。つまり,年間指導計画に基づいて1時間1主題を原則として計画的に行われることになる。

道 徳科の授業において,ねらいと指導,評価の一体化を図る

　道徳科の授業では,その時間に取り上げられる内容項目と照らした子どもの実態を踏まえながらねらいを設定し,ねらいの実現に向け適切な道徳教材を用意し,指導方法を工夫する。そして,そのねらいと照らした子どもの道徳的変容と,学校教育全体を通じて行う道徳教育,特に道徳的実践である特別活動での様子等を参考にして評価することになる。したがって,道徳の評価にあたっては,従来以上に道徳科の授業における指導と評価の一体化が重要となる。

毎 学期,同じような評価としないために自己評価とポートフォリオ評価を活用する

　毎学期の評価では,その学期においてどの内容項目の道徳科の授業がどのようなねらいをもって行われたのかを拠り所として,道徳科の授業だけでなく関連を図った道徳教育における子どもの変容を継続的に見取ることによって違った評価とすることが可能であると考える。
　つまり,教師が明確なねらいをもった授業展開をし,そのときに行った自己評価等を綴っていくことで,これまでの子どもの成長やよさを見取ることが十分にできると考える(ポートフォリオ評価)。ただし,あまり記述がない子どもであれば,なぜ,書かないのかを個人面接等を行い,その聞き取りの中から記述する内容をその子の成長などを見据えて,評価するように心がけるとよい。

(根岸久明)

文例記入のQ&A

4 保護者から記入に対する質問がありましたが，どう答えればよいでしょうか？

保護者からの「道徳科の評価は何のために行うのか」との問いにはこう答える

　実は，これまでも「道徳の時間」の評価というものはあったが，教科ではなかったので，総合的な学習の時間のように通知表には文章で記載されていなかった。しかし，「特別の教科 道徳」（道徳科）となったことにより通知表に記載することが確実となった。ただし，これまで同様に数値などによる評価は行わないこととなっている。この評価にあたっては，道徳科の授業を通して，子どもが考えたことや思ったこと，新しく発見したことなどを，指導者である教師が把握し，それを通知表に文章化していくことになる。文章化する上で大切なことは，道徳科の授業を通しての子どもの成長やよさなどを積極的に拾い上げ，より子どもたちが自分に自信をもち，意欲や希望，勇気をもってより望ましい方向に進むことができることを期待して行うことである。

保護者からの「何をもとに評価をしているのか」との問いにはこう答える

　道徳科の授業のねらいは道徳性の育成にある。道徳性とは人格全体にかかわるもので分けられるものではないが，子どもの道徳性を見取るには見取るための窓口を考え用意する必要がある。その一つが学習指導要領における各学年の発達の段階ごとに示された道徳の内容（A主として自分自身に関すること，B主として人との関わりに関すること，C主として集団や社会との関わりに関すること，D主として生命や自然，崇高なものとの関わりに関すること）を活用することである。
　また，道徳性の要素（善悪を正しく判断する能力：道徳的判断力，望ましい見方・考え方・感じ方：道徳的心情，道徳的価値の実現への意志・実践への身構え：道徳的実践意欲と態度）を窓口として成長を見取ることも考えられる。場合によっては他の複数の教員から子どもの成長やよさを教えてもらうことも大切である。そこで実際に評価するための具体的なものとしては，授業前の事前アンケートや，授業中のワークシートの記述，子どもの発言や態度のメモ，感想文，アンケート，自己評価，授業後の個人面接の記録などの資料から読み取ることが可能な子どもの成長やよさなどを積極的に拾い出し，文章記述することとなる。

（根岸久明）

文例記入のQ&A

5 特別なニーズをもつ子どもには、どのような記入をすればよいでしょうか？

個別の教育支援計画等に基づいた、自己の成長やよさに気付く評価をする

　特別なニーズをもつ子どもは、「個別の教育支援計画」、「個別の指導計画」を作成する必要がある。その中で特に、「豊かな心の育成」に視点をあて、法やルールを守る規範意識や礼儀を大切にする態度、行動責任など、集団で生活する際の手順や決まり、場の雰囲気を理解する力、人との関係づくりなど、具体的な指導目標を設定することから始めたい。そこから自らの課題を見つけ、課題解決に向けた学習活動を通して、成功体験を積み重ねることが道徳的諸価値の理解、道徳的判断、心情、実践的な態度の育成につながる。また目標の実現に向け、友達と一緒に取り組むことも重要である。評価にあたっては、よい変容を具体的に記述することが肝要である。道徳科の毎時間の評価と学校行事等、すべての教育活動における体験的な活動場面でのプラスの変容を継続的に記録し、子ども自身の自己肯定感の高揚につながる具体的な記述を心がけたい。(例)「授業などを通して、やるべき目標を決めてもなかなか最後までできないこれまでの自分自身の考えや行動を十分に振り返ることができていました。そして、強い意志をもって粘り強く諦めずに最後までやり通すことで、そのことが可能になるということを記述することができました。すばらしいと思います」

ポートフォリオで振り返りを活用した評価をする

　ポートフォリオを活用することで、子どもに自らの変容に気付かせることが容易になる。その際、授業に入る前の診断的評価、つまり子ども一人一人の道徳性の実態把握は必須である。特に特別なニーズをもつ子どもは、その行動特性や心理的変化を教師自身がしっかり理解し、受け止めた上で学習計画、指導法等を検討しなければならない。子ども一人一人は、違う特性をもっている。決して同じ枠組み、同じ物差しで評価してはいけない。評価するポイントは、子どもがねらいとする道徳的価値をもとに、自己のよさに気付き、自己肯定感が高まる記述内容かどうかである。(例)「道徳ノートに、本当の思いやりとは何か、礼儀とは何かなど、自分自身の考えや思いを丁寧に記述することができています。そして、学校生活のあらゆる場面で、それら考えたことの実践をしようと心がけている様子がうかがえました」

(根岸久明)

文例記入のQ&A

6 人権の問題で使ってはいけない言葉などはありますか？

全 体の文脈の中から人権に関して使ってはいけない言葉を考える

例えば，一つの職業を「○○業」と表現することに何ら問題はないのに「○○業にまで落ちぶれた」と表すことによって，差別につながる場合がある。新聞や放送などのマスメディアでは，業界で自主的に「書き換え」や「言い換え」「放送禁止用語」などを設けている。しかし，これは世間一般の常識の範囲内といっても，基準が曖昧で気になる言葉が個々に違う。そこで明らかに，人種・職業・性差別的な言葉，身体的な障害を揶揄するような言葉，また，使い方によっては，軽蔑を目的とするような，聞いていてまわりが不快な言葉は避けた方がよいと考える。そこで，次にいくつか例をあげるので，通知表に記載する際の参考としていただきたい。

人権の問題で使ってはいけない言葉の参考例

人種：アイヌ人 → アイヌ民族，エスキモー → イヌイット，外人 → 外国人
　　　ヤンキー → アメリカ人

職業：あんま → マッサージ，土方 → 建設作業員
　　　廃品回収業 → 再生資源回収業

性差別：看護婦 → 看護師，婦人 → 女性，老婆 → 老女，処女作 → 第一作

障害：おし → 言語障害者，片ちんば → ふぞろい，かたわ → 身体障害者
　　　きちがい → 精神障害者，色盲 → 色覚異常，つんぼ → 聴覚障害者
　　　どもり → 吃音，めくら → 視覚障害者，ライ病 → ハンセン病

不快：片手落ち → 不公平，バランスを欠く・かたわ → 身体障害者・体の不自由な人
　　　首切り → 解雇，片親・欠損家庭 → 母子家庭・父子家庭，ブタ箱 → 留置所

参考：道徳教育2015年2月号「保存版！道徳の通知表文例集」（明治図書）
参考：中学校学習指導要領解説　特別の教科　道徳編
参考：国立国語研究所「ことばQ&A」
引用：マスコミ"書き換え""言い換え"一覧
　　　NHK特集「人権」日本広告協会「月刊広場」1999年8月

（根岸久明）

【執筆者紹介】（執筆順）

田沼　茂紀	國學院大學人間開発学部教授
富岡　　栄	日本大学理工学部講師
杉中　康平	四天王寺大学教育学部准教授
鎌田　賢二	京都府京都市立七条第三小学校教諭
三ツ木純子	神奈川県川崎市立鷺沼小学校長
木下　美紀	福岡県福津市立上西郷小学校主幹教諭
尾崎　正美	岡山大学教育学部附属小学校教諭
龍神　美和	大阪府豊能町立東能勢小学校教諭
尾身　浩光	新潟県新潟市立小瀬小学校長
岡田多恵子	茨城県稲敷市立新利根中学校教諭
及川　仁美	岩手県盛岡市立厨川中学校教諭
早川　裕隆	上越教育大学大学院学校教育研究科教授
淀澤　勝治	兵庫教育大学大学院准教授
大舘　昭彦	千葉県流山市立小山小学校長
丸山　隆之	新潟県三条市立第二中学校教諭
根岸　久明	神奈川県横浜市立洋光台第一中学校長

【編著者紹介】

田沼　茂紀（たぬま　しげき）

1955年，新潟県生まれ。上越教育大学大学院学校教育研究科修了。國學院大學人間開発学部初等教育学科教授。専攻は道徳教育，教育カリキュラム論。神奈川県川崎市公立学校教諭を経て高知大学教育学部助教授，同学部教授・同学部附属教育実践総合センター長。2009年4月より現職。

主な単著，『表現構想論で展開する道徳授業』1994年，『子どもの価値意識を育む』1999年，『再考―田島体験学校』2002年（いずれも川崎教育文化研究所刊），『人間力を育む道徳教育の理論と方法』2011年，『豊かな学びを育む教育課程の理論と方法』2012年，『心の教育と特別活動』2013年（いずれも北樹出版刊）。その他の編著『やってみよう！新しい道徳授業』2014年（学研教育みらい刊）等。

道徳科授業サポートBOOKS

「特別の教科　道徳」授業＆評価完全ガイド
―通知表の記入文例付

2016年2月初版第1刷刊	ⓒ編著者	田　沼　茂　紀
2019年1月初版第9刷刊	発行者	藤　原　光　政
	発行所	明治図書出版株式会社

http://www.meijitosho.co.jp
（企画・校正）茅野　現
〒114-0023　東京都北区滝野川7-46-1
振替00160-5-151318　電話03(5907)6701
ご注文窓口　電話03(5907)6668

＊検印省略　　　　　　　組版所　株式会社カシヨ

本書の無断コピーは，著作権・出版権にふれます。ご注意ください。

Printed in Japan　　　ISBN978-4-18-199115-9
もれなくクーポンがもらえる！読者アンケートはこちらから →

好評発売中！

雰囲気を制する教師は、集団を制す！

クラスを最高の雰囲気にする！
目的別学級ゲーム＆ワーク50

赤坂真二 編著

【図書番号：1811】B5判・120頁・本体2,000円＋税

学級づくり成功のカギは、教室の「雰囲気」にあった！「あたたかな結びつきがある」「互いにかかわろうとする」「ルールやマナーを守る」といった、プラスの雰囲気づくりに最適なゲーム＆ワークを紹介。ゲームのやり方に加えて、評価の仕方や日常化のポイントも収録。

目次より
- 序　章　学級づくり成功のカギは「雰囲気」にある！
- 第1章　「安心の雰囲気」をつくる学級ゲーム＆ワーク
- 第2章　「かかわろうとする雰囲気」をつくる学級ゲーム＆ワーク
- 第3章　「ルールやマナーを守る雰囲気」を高める学級ゲーム＆ワーク
- 第4章　「あたたかな結びつきの雰囲気」を高める学級ゲーム＆ワーク
- 第5章　「自分たちで問題を解決する雰囲気」をつくる学級ゲーム＆ワーク

『私たちの道徳』の活用法がすべてわかる！

『わたしたちの道徳』完全活用ガイドブック 小学校編
長谷　徹 編著

【図書番号：1747】B5判・152頁・本体2,400円＋税

『私たちの道徳』完全活用ガイドブック 中学校編
柴原　弘志 編著

【図書番号：1748】B5判・128頁・本体2,200円＋税

読み物資料、ワークシート、偉人のコラムなど、充実した内容の『わたしたちの道徳』。とはいえ、「どうやって活用すればいいのかわからない…」という声もチラホラ。本書では、道徳の時間を中心に様々な活用法を取り上げた、完全ガイドとしてお届け。

明治図書　携帯・スマートフォンからは **明治図書ONLINE** へ　書籍の検索、注文ができます。▶▶▶

http://www.meijitosho.co.jp　＊併記4桁の図書番号（英数字）でHP、携帯での検索・注文が簡単に行えます。

〒114-0023 東京都北区滝野川7-46-1　ご注文窓口　TEL 03-5907-6668　FAX 050-3156-2790

＊価格は全て本体価格表示です。

道徳教育　話題の新刊！

中学校道徳 自作資料集
－生徒が思わず語り合いたくなる24の話－

三浦　摩利　著

B5判・136頁・本体2,100円+税　図書番号：1563

「ああ、あるよね、こういうことって」「うわぁ、この主人公、俺だよ〜」。本資料集には、生徒からこんな声が聞こえてくるような共感できる話が詰まっています。中学校の内容項目24をすべて網羅した、授業でそのまま使える資料と指導案で明日から活用できます。

スペシャリスト直伝！ 小学校 道徳授業 成功の極意

佐藤　幸司　著

A5判・136頁・本体1,900円+税　図書番号：1351

子どもが本音を話さない…道徳授業でそう感じたことはありませんか？　100を超えるオリジナル道徳授業を考案・実践してきたスペシャリストの授業では、なぜ子どもが心を動かし本音を語るのか。教材開発から発問、板書、授業展開まで、その秘密を余すところなく公開。

明治図書　携帯・スマートフォンからは **明治図書ONLINEへ**　書籍の検索、注文ができます。　▶▶▶
http://www.meijitosho.co.jp　＊併記4桁の図書番号（英数字）でHP、携帯での検索・注文が簡単に行えます。
〒114-0023　東京都北区滝野川7-46-1　ご注文窓口　TEL 03-5907-6668　FAX 050-3156-2790

＊価格は全て本体価表示です。

好評発売中！

1日15分で学級が変わる！
クラス会議パーフェクトガイド

諸富 祥彦 監修／森重 裕二 著

A5判・136頁・本体 1,900円＋税　図書番号：1864

　朝の15分間を使って行うだけで、学級が変わるクラス会議。クラス会議を長年行ってきた著者が、クラス会議の導入の仕方、成功するコツ、おススメアクティビティなどを紹介。学校や保護者へのクラス会議説明プリントの見本もついた、まさにパーフェクトな解説本です！

中学校
「特別の教科 道徳」
の授業づくり 集中講義

水登 伸子 著

A5判・152頁・本体 1,900円＋税　図書番号：1955

　「特別の教科　道徳」になったら、どんなふうに中学校の道徳授業をつくっていけばいいの!?
　本書では教材選び、指導案、発問、板書、評価など、様々な疑問にバッチリ答えます。お題日記、紙ＬＩＮＥなど、道徳授業を活性化するためのアイデアも豊富に紹介！

明治図書　携帯・スマートフォンからは **明治図書ONLINEへ**　書籍の検索、注文ができます。▶▶▶

http://www.meijitosho.co.jp　＊併記4桁の図書番号（英数字）でHP、携帯での検索・注文が簡単に行えます。

〒114-0023 東京都北区滝野川7-46-1　ご注文窓口　TEL 03-5907-6668　FAX 050-3156-2790

＊価格は全て本体価格表示です。